나는
1,000만 원으로
아파트 산다

일러두기

※ 본문 3~5장에 소개된 아파트는 학습을 위한 것으로, 저자가 부동산 스터디 카페에 올린 글을 그대로 가져온 것임을 밝힙니다. 모든 가격은 2021년 5~6월 '호갱노노' 사이트를 참고한 1개월 실거래 평균가 기준입니다.

※ 아파트 전용면적 단위는 'm²(제곱미터)'로 표기해야 하지만, 가독성을 위해 '평' 단위로 표기했습니다.

※ 본문에 소개된 아파트의 평형은 분양면적 기준으로 표기하였습니다.

※ 책에 나오는 가격, 숫자, 정보는 여러분이 보는 시기에는 변동되었을 수 있습니다. 실제 투자 시 반드시 변동 사항을 확인한 후 진행하길 바랍니다.

170만 부동산 카페 회원들이 열광하는 시크릿브라더의 투자 비결

나는 1,000만 원으로 아파트 산다

시크릿브라더 지음

BM 황금부엉이

이미 늦었다고 생각하는 당신에게

2018년 8월, 유난히 무덥던 한여름의 어느 날이었습니다. 아기띠를 멘 채 유모차를 들고 4층에 있는 집까지 걸어 올라가는데, 그 짧은 거리에도 땀이 비 오듯 쏟아지더라고요. 2년 넘게 알콩달콩 추억을 담던 그 넓디넓은 다가구주택이 얼마나 싫어지던지. 바로 다음 날 저랑 아내는 부동산 중개업을 하는, 장모님의 친구분을 찾아갔습니다. 소장님은 우리가 가진 돈이 얼마나 되는지 묻더니, 물건이 나오면 무조건 매수하라는 조언과 함께 장모님 댁 근처 아파트 2곳을 찍어주셨습니다. 당시 우리 수중에는 6천만 원 정도밖에 없었는데 저와 아내의 사내대출, 신용대출, 주택담보대출을 다 끌어모아 4억짜리 나홀로 아파트를 겨우 살 수 있었습니다. 그래도 운이 좋았습니다. 맞벌이 부부로 소득이 꽤 괜찮았고, 좋은 조언자도 만났습니다. 그렇게 제 첫 집을 마련했습니다.

첫 집을 계약하고 나니 관심과 욕심이 생기더군요. 아파트가 돈이 되고, 집값은 빠지지 않는다는 생각이 들었던 것 같습니다. 그래서 공부를 시작했습니다. 시중에 나와 있는 유명한 부동산 책은 거의 다 읽었고, 유튜브와 팟빵 등 출퇴근 시간에도 늘 부동산 공부에 미쳐있었습니다. 주말이면 아이를 데리고 임장을 했고, 여행도 임장하고 싶은 지역으로 다녔습니다. 그렇게 군산을, 포항을 가봤습니다. 2019년 7월 태풍이 왔던 어느 날, 무슨 확신이 들었는지 애를 카시트에 태우고 무작정 포항으로 떠났습니다. 일요일이었는데, 부린이라서 부동산이 쉬는 날인지도 몰랐어요. 다행히 좋은 소장님과 양말이 축축하게 젖어 있는데도 선뜻 집을 보여주던 인상 좋은 세입자들을 만났습니다. 그날, 시세보다 2천만 원이나 싸게 급매 물건을 구할 수 있었습니다. 나중에 소장님께 물어보니 이렇게 답하셨습니다.

"아이고, 그 태풍을 뚫고 온 사람인데 얼마나 기특합니까? 바로 계약할 거 아니까 제일 먼저 보여줬지예."

그렇게 투자 1호기를 마련했습니다. 처음에는 잔금을 어떻게 치는 건지도 잘 이해하지 못했어요. '전세금으로 잔금을 치는 게 가능한 건가? 내가 다른 사람의 전세금을 다른 데 써도 되는 거야? 어떻게 돌려줘야 하는 거지?' 등 진짜 별생각을 다 했습니다. 그런 식으로 하나하나 배워갔습니다. 포항에 투자한다고 했을 때 친구들은 이렇게 말하더군요.

"너 거기 잘 알아? 거기 무슨 호재 있어?"

포항 출신인 회사 후배는 서너 번씩 와서 이렇게 조언했습니다.

"선배님! 투자는 잘 아는 곳에 해야 하는 겁니다."

초보 투자자의 행보가 얼마나 불안하고 걱정됐을까요? 저도 어디서 그런 용기가 나왔는지 잘 모르겠습니다. 그냥 가만히 있으면 안 될 것 같다는 느낌이었습니다. 제가 공부한 걸 증명하고도 싶었습니다. 딱 한 달 후 저는 한 단지 건너에 있는 아파트에 2호기를 또 계약했습니다. 매매가가 전세가보다 저렴한 역전세 물건이라 투자했는데도 300만 원이 남아서 '진짜 이게 뭔가, 이런 게 정말 가능한 건가?' 싶었는데, 심지어 날짜까지 잘 맞아서 잔금일도 1호기와 맞춰 칠 수 있었습니다. 포항에 2개나 투자했다고 하니 이런 말들이 나오더군요.

"진짜 미쳤구나."

"포항은 지진이 나서 안 돼. 지금 조선, 철강 경기가 다 죽었는데 거길 왜 가?"

"딴 사람들은 다 서울이나 수도권으로 모이는데, 이제 거긴 안 올라."

심지어 포항은 그때 지수가 내려가고 있었어요. 정말 불안했습니다. 하루하루 잠이 안 오고 좀 더 신중하지 못했던 자신을 원망하다가 새벽 3시에도 저절로 이불킥을 하게 되더군요. 눈이 떠진 새벽이면 불안감을 이겨내려고 제가 무엇을 놓쳤는지를 공부했습니다. 다음 투자는 더 잘한다는 마음으로 열심히 분석하고 공부했습니다. 결과는 지금 여러분이 아는 그대로입니다.

"너무 많이 올랐어. 이제 내려갈 거야."

"거품이야. 이 가격이 말이 돼?"

어디서 많이 듣던 말 아닌가요? 혹시나 해서 미리 말하지만 저는 상승론자가 절대 아닙니다. 시장에는 상승과 하락의 사이클이 있다고 믿는 시장론자입니다. 하지만 데이터가 말해줍니다. 아직도 저평가된 지역이, 가치대비 덜 오른 곳들이 있다고요. 심지어 3천만 원 이하 소액으로 투자할 수있는 물건들도 많다고요. 투자 건수가 10건이 넘어가고, 강의도 계속하다보니 점점 더 확신이 생깁니다. 부동산 초보 투자자인 '부린이'에게 이렇게말해주고 싶습니다.

"아직 늦지 않았습니다."

너무 올라서 투자할 지역이 없는 게 아니라 공부가 부족해서 저평가된지역을 못 보는 거라고, 당신의 그릇이 아직 작아서 시중에 흘러 다니는 돈을 담지 못하고 흘리고 있는 거라고 말입니다.

이 책은 벼락거지가 되어 낙담하고 있는 부린이, 또는 투자를 통해 부의그릇을 키우고 싶은 초보 투자자에게 선한 영향력을 전하는 것이 목적입니다. 책의 내용이 다소 어렵게 느껴질 수도 있지만, 계속 반복해서 읽어보고 실제로 분석하다 보면 분명히 큰 도움이 될 것입니다. 그리고 제대로만 이해한다면 '평생 가져갈 수 있는 부동산 투자법'을 얻을 수 있다고 확신합니다. 그러니 포기하지 않았으면 좋겠습니다. 그리고 공부했으면 좋겠습니다. 다른 사람에게 "○○ 지역이 오를까요? A와 B 중에 어디가 괜찮을까요? 지금 아파트를 팔까요, 계속 보유할까요?"를 물어볼 게 아니라 본인 스스로 공부해서 그 지역과 아파트의 가치를 분석할 수 있는 능력을 키웠으면 좋겠습니다.

물론 앞으로 계속 오르기만 한다는 이야기는 아닙니다. 부동산에는 사이클이 있습니다. 영원한 상승도, 영원한 하락도 없습니다. 상승과 하락을 반복하며 장기적으로 우상향할 뿐입니다. 이번 서울/수도권 상승장도 언젠가는 끝날 것이고, 하락장도 반드시 올 겁니다. 그러니 우리는 다음 상승장을 위해 미리 공부해야 합니다. 그래야 대응할 수 있습니다. 기회는 준비된 사람에게만 보인다는 걸 믿고, 다음 상승장에서 인생을 역전한다는 마음으로 정말 열심히 준비해야 합니다. 그 시작을 현재 저평가된 지방에서 찾았으면 좋겠습니다. 서울/수도권의 다음 상승장을 공부만 하면서 기다리기에는 시간이 너무 많이 남아 지칠 수도 있고, 그 사이에 지방 실전 투자를 통해 경험을 쌓을 수도 있기 때문입니다. 물론 이 과정에서 어느 정도 수익을 내겠지만 그냥 덤일 뿐입니다. 쌓인 경험과 자본을 바탕으로 서울/수도권 핵심 입지에 내 집을 마련하는 그 날까지, 더 나아가 부동산을 통해 완벽한 경제적 자유를 이룰 때까지 천천히 한 걸음씩 나아갑시다.

이미 늦은 때란 없습니다. 여러 고민을 내려놓고, 저와 함께 건강하고 행복한 투자자의 길로 들어갔으면 좋겠습니다. 이제 크게 한 번 심호흡하고, 성공 투자자로 가는 문을 열어볼까요?

부린이를 위한 부동산 용어 정리

*다음 정의들은 사전적인 설명이 아니라 부린이가 쉽게 이해할 수 있도록 시크릿브라더 방식으로 재정의한 것입니다.

1. 필수 용어

<u>전용 면적</u> 한 가구가 실제 생활하는 공간의 면적, 즉 집안 면적. 단, 발코니는 서비스 면적으로 책정되기 때문에 전용 면적에 포함되지 않음

<u>공용 면적</u> 불특정 다수가 공동으로 사용하는 공간의 면적. 주거 공용 면적(계단, 복도, 엘리베이터 등)+기타 공용 면적(관리사무소, 노인정 등)

<u>공급 면적</u> 전용 면적+주거 공용 면적. 예를 들어 112/84㎡라면 112㎡는 공급 면적, 84㎡는 전용 면적

재개발&재건축 구축에서 새 아파트로 변신!

　재개발 : 기반시설이 열악한 경우. 대부분 단독주택&빌라지만 일부 아파트도 있음

　재건축 : 기반시설이 양호한 경우. 대부분 아파트(기반시설: 도로, 상하수도, 공원 등)

　재개발 뚜껑 : 토지에 대한 지분이 없는 물건. 무허가 건축물

　리모델링 : 건축물의 기본 골조는 놔두고 증축

재건축&리모델링

　추진 가능 연한 : 30년 vs 15년

　공사 방법 : 다 뜯어고친다. vs 뼈대는 놔두고 고친다.

　안전 진단 : D∼E등급 vs B등급

　→ 리모델링 진행이 조금 더 수월하다.

　세대수 증가 : 재건축 〉 리모델링

사업 수익성 : 재건축 〉 리모델링

제한 사항 : 재건축 〉 리모델링

사업 진행 속도 : 재건축 〈 리모델링

→ 재건축은 임대주택 의무 비율 및 재건축 초과이익환수가 있는 반면
리모델링은 없다.

<u>건폐율</u> 대지면적에 대한 건축 면적의 비율

→ 건폐율이 낮다 : 동간 간격이 넓겠구나. 쾌적하겠구나.

<u>용적률</u> 건물 전체 층 면적의 합

→ 용적률이 낮다 : 저층 아파트구나. 재건축이 용이하겠구나.

<u>입주권</u> 조합원이 새집에 입주할 수 있는 권리

→ 총비용은 낮지만, 한 번에 목돈 필요

<u>분양권</u> 청약에 당첨된 사람이 입주할 수 있는 권리

→ 총비용은 높지만, 계약/중도/잔금 분할 납부

<u>임장</u> 부동산을 보기 위한 현장 답사

<u>레버리지</u> 차입자본을 끌어와 자산을 매입

→ 대출 or 갭투자

<u>갭투자</u> '매매가격 – 전세가격' 차이만큼의 금액으로 집을 구매하는 투자 방식

<u>양타</u> 부동산에서 매도인, 매수인 양쪽에서 수수료를 받음

<u>상투를 잡는다</u> 최고가에 매수한다.

<u>풍선효과</u> 풍선의 한쪽을 누르면 한쪽이 부풀어 오르듯, 규제하면 규제를 피
해 다른 곳으로 투자수요가 몰리는 현상

<u>갭메우기&키맞추기</u> 상급지가 먼저 올라가면 하급지가 따라서 올라감

<u>깡통전세</u> 대출과 전세금을 합쳐서 매매가를 넘는 집

→ 전세금을 떼일 우려가 있는 집

<u>역전세</u> 전세가가 계약 당시보다 하락해 임대인이 임차인에게 돈을 돌려줘야
하는 상황

2. 약어(줄임말)

국평 국민 평형. 84㎡(33~34평)

아파텔 아파트+오피스텔

→ 건축법상 오피스텔로 구분되어 있지만 아파트의 형태를 가지고 있는 주택

영끌 영혼까지 끌어모아 대출받아서 집을 매수하는 것

피(P) 프리미엄을 뜻함. 분양가 이상 상승한 가격을 의미

→ 현재 거래가 − 분양가

  #피(P)의 파생어

  초피 초기 프리미엄

  무피 無피 → 투자금이 안 들어감(거래/기타비용 제외)

  마피 마이너스 프리미엄 → 돈을 오히려 받음(거래/기타비용 제외)

  손피 분양권 거래 시, 양도세 매수자 부담

주복 주상복합 아파트

RR 로열동+로열층

→ 해당 단지에서 가격이 가장 비싼 좋은 동, 좋은 층(단지마다 상이)

초품아 단지 안에 초등학교가 있는 아파트

주담대 주택 담보 대출

마통 마이너스통장

재초환 재건축 초과이익 환수제

모하 모델하우스

예당 예비 당첨자

특공 특별공급

신특 신혼부부 특별공급

전매 구입한 부동산을 단기간에 되파는 것

배배 배액배상. 계약파기로 인해 발생

임사 임대사업자

장특공 장기보유 특별공제

관처 관리처분인가
근생 근린생활시설
생숙 생활형 숙박시설
뻥뷰 뻥 뚫린 뷰. 앞에 가리는 것이
없음

3. 지역명 정리
마용성 마포, 용산, 성동
노도강 노원, 도봉, 강북
금관구 금천, 관악, 구로
강남 3구 강남, 서초, 송파
강남 4구 강남, 서초, 송파, 강동
수용성 수원, 용인, 성남
오동평 오산, 동탄, 평택
안시성 안산, 시흥, 화성
부울경 부산, 울산, 경남
대대광 대전, 대구, 광주
대세청 대전, 세종, 청주
해수동 부산 해운대, 수영, 동래
여순광 전남 여수, 순천, 광양

4. 단지명 정리
아선 아시아선수촌 아파트
올선 올림픽선수촌 아파트
잠주오 or 잠오 잠실주공5단지
경자 경희궁자이
마래푸 마포래미안푸르지오

철래자 철산래미안자이
아리팍 아크로리버파크
래대팰 래미안대치팰리스
미미삼 월계동 미성, 미륭, 삼호 아
파트
우선미 대치동 우성, 선경, 미도 아
파트
시수공 여의도 시범, 수정, 공작 아
파트
엘리트레파 잠실 엘스, 리센츠, 트리
지움, 레이크팰리스, 파크리오
진미크 잠실 진주, 미성, 크로바

5. O세권 정리
역세권 지하철, 기차역 근처
숲세권 녹지공간(숲, 산 등)
몰세권 대형쇼핑몰
스세권 스타벅스
백세권 백화점
병세권 병원
슬세권 슬리퍼 신고 갈 수 있는 편
의시설
맥세권 맥도날드 근처
학세권 학원가, 선호 학교
주세권 주변 술집
욕세권 욕을 먹는 지역일수록 가격
이 오름

6. 신조어

벼락거지 벼락부자의 반대말
→ 본인 소득에는 별다른 변화가 없는데, 다른 사람들의 부동산과 주식 등 자산가격이 급격히 오르면서 상대적으로 빈곤해진 사람

빚투 빚내서(대출받아) 투자

줍줍 아파트 분양 후 남은 잔여세대 추첨 물량

몸테크 몸+재테크 → 낡은 집(재개발이나 재건축단지)에 직접 실거주하며 불편함을 감수

리터루족 리턴+캥거루족 → 다시 부모 세대와 결합하여 경제적 지원을 받는 사람들

이생집망 이번 생에 집 사기는 망했다.

청포족 청약을 포기하는 청년족

청무피사 청약은 무슨, 피 주고 사!

청무구사 청약은 무슨, 구축 사!

거거익평 평수는 크면 클수록 좋다.

다다익방 방은 많으면 많을수록 좋다.

다다익등 등기는 많을수록 좋다.

오신내전 오늘의 신고가가 내일의 전세가

목차

2
CHAPTER

부린이가 지방 갭투자로
1년 만에 1억 수익 올린 공부법

3
CHAPTER

전국 저평가 단지 분석
– 2억 이하

6
CHAPTER

상황별
투자전략

에필로그

부동산 투자의
기본기

1

CHAPTER

권투를 배울 때 처음 하는 것은 샌드백 치기가 아니라 줄넘기다. 권투의 기본은 펀치가 아니라 풋워크이기 때문이다. 기초가 튼튼한 성은 무너지지 않고 기본기가 뛰어난 사람의 발전 가능성이 큰 것은 인생의 진리이며. 부동산 투자 또한 마찬가지다. 따라서 어떤 마인드로 투자해야 하는지. 어떻게 공부를 시작해야 하는지. 임장이란 무엇이고 뭘 봐야 하는지 등 기초적인 지식 공부가 반드시 선행되어야 한다. 기초를 단단히 다져야 부동산과 투자를 바라보는 시야가 훨씬 넓어질 수 있다. 이번 장에는 부린이를 위한 기초 지식과 중수 이상이 읽어도 좋을 응용 개념까지를 담았다. 본인이 현재 가진 지식과 정보를 정리해보고, 미처 보지 못했던 부분에 대해 새롭게 생각해볼 수 있는 시간이 되었으면 한다.

01
좋은 투자자의
마인드

'강한 놈이 살아남는 것이 아니라, 살아남는 놈이 강한 것이다.'

투자를 시작하기 전에 이 말을 꼭 기억했으면 좋겠습니다. 평소 존경하던 임원 한 분이 은퇴할 때 이런 말씀을 해주시더군요. "○○아, 빨리 올라가려고 하지 말고 순리대로 가. 결국 오래 버티는 놈이 이기는 거더라." 당시 저는 좀 충격을 받은 상태였습니다. 누구보다 잘나갔고 회사에 충성하며 일을 사랑하던 그분이, 임원이 된 지 3년 만에 보직 해임되었기 때문입니다. 결국 선배지만 진급이 느렸던 다른 분이 그분이 원했던 자리에 올랐고, 지금까지도 잘 유지하고 있습니다. 생각해보니 제 작은아버지도 제가 조기진급을 했을 때 비슷한 말을 해주셨네요. "○○아, 빨리 올라가는 게 좋은 게 아니다. 빨리 가려고 너무 욕심내다 보면 적만 많아져." 물론 회사

생활과 투자는 다르지만, 인생이라는 큰 카테고리에서 보면 똑같은 통찰을 주는 것 같습니다. '결국은 오래 살아남는 사람이 최종 승자'라는 인생의 진리를요.

부동산 투자에서 오래 살아남으려면 어떻게 해야 할까요? 네 가지 정도로 정리할 수 있을 것 같습니다.

첫째, 우선 잃지 않는 투자를 하겠다는 마음을 가지는 게 중요합니다. 위험이 없는 투자, 무조건 수익이 나는 투자는 없지만 마인드라도 그렇게 가져야 합니다. 그래야만 높은 수익률과 빠른 수익 실현이 가능할 것 같은 물건에 집착하지 않을 수 있습니다. 수익률이 높고, 빨리 오를 것 같아도 숨겨진 리스크를 보기 위한 시간과 노력이 필요해서 그렇습니다.

둘째, 본인이 가진 능력보다 너무 큰 물건이라면 욕심내지 말아야 합니다. 신용대출과 마이너스대출을 다 받으면 더 좋은 A 물건을 살 수 있더라도, 무리가 되지 않는 선에 있는 B를 선택하는 게 현명합니다. 최악의 상황에도 대비해야 하니까요. 예를 들어 구입한 물건의 전세를 못 맞출 경우라면 '전세금을 낮췄을 때 추가될 투자 비용이 있나? 만약 전세금을 내린다면 주택담보대출을 통해 잔금을 치고, 세입자를 받을 때까지 버틸 수 있을까?'에 대한 준비가 되어 있어야 한다는 말입니다. 특히 갭투자라면 전세를 맞추는 것이 무엇보다 중요하니 현재의 전세 매물수만 보지 말고, 주변에 신축 입주가 있는지, 투자자가 몰려 경쟁 물건이 많은 건 아닌지 등 주변 상황까지 확인해야 합니다. 이것이 리스크 관리이고, 잃지 않는 투자의 초석입니다.

셋째, 아무리 좋은 물건이라도 과분하다 싶으면 과감히 포기할 수 있는 용기가 필요합니다. 이번 물건을 놓치면 이런 기회가 다시 없을 것 같고, 평생 후회할 것 같지만 그렇지만도 않습니다. 나에게 꼭 맞는 더 좋은 물건이 나타나기도 하니 너무 욕심내거나 아쉬워할 필요 없습니다. '투자는 평생 하는 거다'라는 마음가짐으로 늘 평정심을 갖고 리스크와 안전마진을 고려하세요.

넷째, 부동산 금사빠(금방 사랑에 빠지는 사람)가 되지 않는 것입니다. 부동산을 공부하고 여기저기 임장하다 보면 괜찮은 물건이 꼭 한두 개씩은 있습니다. 이때 중요한 것이 그 물건과 금세 사랑에 빠지지 않는 것입니다. 초보 중에는 금사빠가 많습니다. 부동산 금사빠는 그 물건이 너무 좋아 보이고, 이걸 놓치면 너무나 후회할 것 같은 기분이 듭니다. 계약해야 하나 말아야 하나 고민되는데 꼭 옆에서 부동산 소장님이 결정타를 날립니다. "바로 전에 보고 간 손님이 계약금 넣는다고 기다리고 있어. 삼촌, 할 거면 빨리 결정해야 해!"

물론 최근에는 빠른 선택 덕분에 큰 이익을 거둔 사례가 많았습니다. 하지만 항상 한 번 더 고민해보고, 다른 물건과도 비교해본 후 결정해도 늦지 않습니다. 결정 전에 물건에 관한 충분한 공부가 되어 있어야 하고, 대체할 수 있는 다른 선택지가 있는 상황이어야 합니다. 비교평가를 통해 결론적으로 해당 물건이 더 좋다는 판단이 섰을 때 비로소 신속하게 의사결정을 할 수 있는 것입니다. 이것이 제가 생각하는 좋은 투자자의 마인드이며, 시장에서 오래 살아남는 방법입니다. 정말 중요한 거라서 다시 한번 강조하겠습니다.

"한 번에 몇억 버는 것에 집착하지 말고, 소액을 벌더라도 평생 잃지 않는 투자를 하기 위해 노력하세요."

시크릿브라더가
갭투자를 선택한 이유

'투자에 유일한 정답은 없다. 나에게 맞는 투자만 존재할 뿐이다.'

주식, 코인, 부동산 등 세상에 돈을 벌 방법은 무궁무진합니다. 부동산만
해도 청약, 재개발/재건축, 경매, 분양권, 일시적 2주택 갈아타기 전략 등
수많은 방법이 있죠. 그래서 현재 제가 집중하고 있는 갭투자가 제일 우수
하며, 돈을 가장 많이 벌 방법이라고 단언할 수는 없습니다. 이 책을 읽어
보고 다른 투자법들도 다 공부해본 후 만약 본인의 성향에 이 투자법이 맞
는다면 그때 선택하면 됩니다.

제가 부동산 갭투자, 그중에서도 지방에 갭투자를 했던 이유는 자본이
부족했기 때문입니다. 앞서 말한 것처럼 저는 서울에 실거주할 집을 마련
한 이후 부동산에 관심이 생겨서 본격적으로 공부하기 시작했는데, 투자하

고 싶어도 돈이 없었습니다. 모든 대출을 영끌 해서 집을 산 후 인테리어까지 하고 나니 수중에 약간의 돈이 남았고, 거기에 8~9개월 동안 또 열심히 돈을 모아서 겨우 만든 돈이 2천만 원이었습니다. 물론 돌이켜보면 그때 수도권 외곽이나 인천에 투자했다면 훨씬 큰 수익을 올릴 수 있었을 겁니다. 공부하고 투자하다 보니 제가 그 당시 놓친 부분에 대해 후회가 남더라고요. 그래서 더 열심히 복기하고 공부했습니다. 당시에는 그런 생각을 하지 못해서 2천만 원으로는 수도권 투자가 힘들다고 결론 짓고, 지방으로 눈을 돌렸습니다. 다행히도 제가 샀던 물건들은 한 건도 손해 없이 좋은 수익률을 기록하고 있습니다. 또 수도권에만 집중했다면 몰랐을 것을 알게 되기도 했습니다.

'지방이라고 다 같은 지방이 아니다. 지역마다 각기 다른 사이클이 존재한다.'

각기 다른 사이클이 존재한다는 것은, 어떤 지역이 오를 때 다른 지역은 내린다는 말이기도 하고, 시간이 지나면 사이클이 정반대되는 상황도 펼쳐질 수 있다는 말이기도 합니다. 반대로 해석하면 이 사이클만 제대로 분석할 수 있으면 오르는 지역에만 투자할 수 있다는 말도 되겠죠? 그래서 저는 그 사이클의 원리를 이해하기 위해 노력했고, 그렇게 탄생한 것이 저의 7차 필터링 과정입니다. 뒤에서 자세히 설명하겠지만 7차 필터링의 핵심은 앞으로 오를 지역이 어디인지, 그리고 왜 오르는지를 7번의 필터링 과정을 거쳐 검증하는 것입니다. 모든 필터링 과정을 통과한 지역은 적어도 향후 2~3년은 떨어질 확률이 거의 없다고 확신합니다. 그래서 평생 잃지 않는 투자가 가능한 것이고, 이것이 제가 다른 투자 방법보다 지방 갭투자를 선호하는 이유이기도 합니다. 물론 이제는 취득세나 종부세 부담 때문에 무한정 집의 개수를 늘리는 것은 힘듭니다. 취득세 12%를 감내하거나 법인으로 투자를 계속하는 사람도 많지만, 이전보다 갭투자가 많이 제한적인 것은 사실입니다. 게다가 임대차 3법의 통과로 전세금 인상이 5%로 제한되는 바람에 2년 주기로 전세금 인상을 통해 투자금을 회수해서 재투자하는 방법도 사실상 사용하기 힘들어졌습니다. 그래도 갭투자는 여전히 매력적이고, 특히 투자금이 부족한 부린이가 접근하기에는 가장 적합한 방법이라는 생각에는 변함이 없습니다. 각자의 상황이 다르고 사례도 너무 다양하니 제가 생각하는 투자 종류별 장단점과 어떤 사람이 그 투자에 어울리는지를 간단하게 정리해보겠습니다.

주식, 코인

장점: 환금성이 좋다. 단기간에 높은 수익이 가능하다.

단점: 공부할 종목이 너무 많다. 한꺼번에 모든 것을 잃을 수 있다.

어울리는 사람: 매일 오르고 내리는 차트를 보며 평정심을 유지할 수 있는 사람, 트렌드에 관심이 많으며 분석력이 뛰어난 사람

재개발/재건축

장점: 높은 수익률

단점: 상대적으로 큰 투자금, 기회비용

어울리는 사람: 여유 자금이 있고 시간에 투자할 수 있는 사람

청약

장점: Low Risk, High Return

단점: 당첨 확률=로또

어울리는 사람: 청약가점이 높거나, 특별공급 당첨이 가능한 사람

일시적 2주택 갈아타기

장점: 세금 절약

단점: 내 집이 오를 때 상급지는 더 오른다.

어울리는 사람: 투자 공부는 귀찮지만 부동산에 관심은 많은 사람

경매

장점: 안전마진(사는 순간 돈을 번다.)

단점: 시간이 많이 들고, 상대적으로 스트레스가 심하다.

어울리는 사람: 부지런하고, 사람을 많이 상대해본 사람

갭투자

장점: 소액으로 접근 가능(특히 지방)

단점: 상대적으로 낮은 수익률, 확장성 제한(세금 이슈)

어울리는 사람: 투자 경험이 필요한 무주택, 1주택 부린이

지극히 개인적인 생각이고 아주 간략하게만 설명했으니 위의 설명으로 모든 것을 판단할 필요는 없습니다. 다만 본인이 어느 쪽에 어울리는 사람인지 장단점을 잘 생각해보고, 한 분야를 정해 성과를 내봤으면 좋겠습니다. 돈을 버는 방법은 위에 언급한 것 외에도 어마어마하게 많지만, 어느하나를 제대로 할 줄 아는 사람은 생각보다 많지 않습니다. 성향의 차이겠지만 저는 개인적으로 한 분야에서 돈을 벌어본 후에 다른 분야를 도전하

는 것이 옳다고 생각하는 사람입니다. 돈만 좇아 이것저것 하다가 이도 저도 아니게 되는 경우를 많이 봤기 때문입니다. 그러다가 실패라도 하면 '아, 이 방법으로는 돈을 벌 수 없구나'라며 문을 닫아버리게 되는 것이죠. 사실 그 방법 자체에 문제가 있는 것이 아니라 그 방법을 행한 사람의 능력에 문제가 있음에도 말입니다. 어떤 투자 방법이 좋다 나쁘다는 편견보다는 본인에게 맞는 투자 방법이 어떤 것인지를 깊게 고민하는 시간이 먼저라고 생각합니다. 그 후에 본인이 선택한 방법을 깊게 공부한다면 분명히 좋은 성과를 낼 수 있을 것입니다.

03

분산투자 vs 집중투자

"지금 5천만 원이 있는데 조금 더 똘똘한 한 채에 투자할까요? 아니면 2개로 나눠서 2건으로 투자하는 게 좋을까요?"

이런 질문을 참 많이 받았습니다. 저 역시 항상 고민하는 부분이기도 합니다. 사실 이전에는 크게 고민하지 않고, 최대한 리스크를 작게 나눠서 투자하는 것이 좋다고 생각했습니다. 그런데 투자 건수가 늘어나고 자연히 실력도 늘다 보니 아쉬운 물건들이 많이 보이기 시작했습니다. 저는 투자 후에는 항상 복기하고, 실제 투자하지 않았던 물건에도 모의투자를 진행하고 있는데, 투자 당시에 돈을 뭉쳤으면 매수할 수 있었던 좋은 물건들이 생각보다 많이 보입니다. 보통 갭(매매가와 전세가의 차이, 투자금)이 크고, 비쌀수록 좋은 아파트일 확률이 높습니다. 대부분은 갭이 클수록 수익률이 올라갈 확률도 높습니다. 그래서 중요한 능력이 갭은 적은데 똘똘한 소액의 물건을 구하는 것인데, 그런 물건들은 초보자가 저가치인지 저평가인지를 구분하기가 쉽지 않습니다. 절대가격이 싸고 평균 전세가율이 높은 경우가 많아서, 앞으로 이 물건의 가격이 상승한다는 확신을 얻기가 어렵습니다. 그렇다고 덜컥 자산을 뭉쳐서 한 번에 투자하자니 겁이 나고, 달걀을 한 바구니에 담지 말라는 투자 격언도 자꾸 생각나는 거죠. 이 어려운 질문에 답하기 위해 저는 제 나름의 기준을 만들었습니다. 집중투자가 필요한 건 어떤 사람이고, 분산투자가 필요한 건 어떤 사람인지에 대해서요.

중요한 전제 조건은 향후 최소 2년간은 가격이 내리지 않을 지역에 투자해야 한다는 것입니다. 말이 쉽지 향후 2년간 빠지지 않을 지역을 찾는다는 건 간단하진 않습니다. 그러나 이 책에서 제안하는 1~4차 필터링만 정확하게 할 수 있다면 이것이 가능하다고 생각합니다. 얼마나 많이 오를지는 모르지만, 적어도 빠지지는 않을 지역, 5년 뒤는 모르겠지만 향후 2년간은 빠질 확률이 굉장히 낮은 지역은 충분히 선별할 수 있습니다. 심지어 서브프라임 사태나 금리 인상 등의 갑작스런 이슈가 있더라도 하락하지 않을 지역을 선정할 수 있습니다. 왜냐하면 강력한 외부변수나 경기, 금리 등의 이슈는 해당 지역의 그래프 기울기를 조금 더 가파르게 하거나 완만하게 바꿀 수는 있지만, 상승과 하락의 방향 자체를 전환하는 트리거는 아니라고 생각하기 때문입니다.

가장 최근에 있었던 경제 위기는 서브프라임 사태였고, 때는 2008년이었습니다. 이때도 전국이 똑같이 움직이지는 않았습니다. 서울, 경기, 인천, 대구 등은 타격을 받고 하락했지만 부산, 광주, 경남, 전남 등은 오히려 상승했죠. 글로벌 경제 위기가 상승과 하락을 결정짓는 트리거였다면 모든 지역이 전부 하락했어야 합니다. 하지만 지역별로 다른 모습이 나타난 것은 경제 위기가 영향을 미치는 중요한 요소인 것은 분명하지만, 상승과 하락의 방향을 전환할 만큼 결정적인 트리거는 아니라는 방증입니다. 금리도 마찬가지입니다. 금리가 오른다고 해서 무조건 부동산 가격이 하락하는 것이 아닙니다. 금리가 상승했을 때 오히려 상승한 경우는 많습니다.

결국 모든 재화가 그렇듯이 가장 중요한 것은 수요와 공급입니다. 수요가 많고 공급이 적다면 가격이 오르는 것이고, 반대로 수요가 적고 공급이 많다면 가격은 내릴 확률이 높습니다. 여기에 인플레이션, 전세가율, PIR 지수, 대출위험 인덱스 등 여러 요소가 결합하여 사이클이 결정됩니다. 이렇게 만들어지는 사이클이라는 것이 지역마다 다른 움직임을 보이기 때문에 우리는 계속 오를 지역에만 투자할 수 있고, 그 지역을 찾는 것이 무엇보다 중요해지는 것입니다. 그래서 분산투자와 집중투자 중 선택할 때 우선 고려할 사항은 '이 지역이 당분간은 떨어질 일이 없는 지역인가?'를 판단하는 것입니다. 향후 떨어지지 않을 지역을 선정할 수 있다면 그다음은 이렇게 결정하면 됩니다.

> 분산투자 : 투자 경험이 많고, 자산이 어느 정도 형성된 사람(중수, 고수)
>
> 집중투자 : 투자 경험이 적고, 시드머니가 부족한 사람(초보)

조금 의외라고 생각할 수도 있을 것 같습니다. 경험이 적을수록 리스크를 회피해야 할 것 같은데 왜 초보자에게 집중투자를 하라고 하는지요. 부자로 가는 첫 번째는 종잣돈, 즉 시드머니입니다. 많은 전문가가 시드머니로 1억 정도를 이야기합니다. 하지만 1억을 모으기가 쉽지 않습니다. 월

급으로만 모은다면 연봉에 따라 다르겠지만 10년이 넘게 걸릴 수도 있습니다. 부자가 되는 시간이 아니라 단지 돈을 불리기 위한 시드머니를 만드는 시간이 10년이라면 과연 몇 명이나 이 긴 시간을 아끼고 참으며 돈을 모을 수 있을까요. 현실이 이러니 N포족이 생겨나고, YOLO가 유행하고, 주식이나 코인 광풍이 부는 거겠죠. 시간은 없고 마음은 조급한데, 그 기간을 기다릴 수 있는 인내심과 공부하고 싶은 마음은 없으니까요.

돈의 속성을 설명할 때 많은 사람이 눈덩이 효과를 언급합니다. 맞는 말입니다. 하지만 눈사람을 만들 때도 좁쌀만 한 눈덩이에서 시작하는 사람과 처음부터 주먹만 한 크기로 시작하는 사람은 분명 큰 차이가 있습니다. 열심히 좁쌀을 굴려서 탱탱볼 크기 정도를 만들었는데, 옆에서 주먹만 한 눈덩이를 굴린 사람은 벌써 눈사람의 몸통을 완성할 겁니다. 그러니 가진 것이 없을 때는 조금 리스크가 있더라도 뭉쳐서 투자하는 것이 효과적입니다. 좁쌀을 한 번에 주먹 크기 정도는 만들고, 또 바로 축구공 크기 정도는 만들어야 눈사람을 만들 때 재미도 있고 지치지도 않습니다. 여기서 중요한 것이 잘 뭉쳐지지 않는 좁쌀들을 잘 모아서 한 번에 주먹 크기로 만드는 것인데, 이때 실패하지 않아야 합니다. 여기서 실패하면 주먹 크기는커녕 겨우 구한 좁쌀마저 사라지기 때문입니다. 그래서 첫 투자는 더욱 신중하게, 내가 공부해서 확신을 가진 투자처에 투자해야 합니다. 만약 그것이 부동산이라면 지역과 금액을 분산하지 말고 내 투자금 범위 안에서 가능한 한 가장 똘똘한 물건을 선택하는 게 맞을 것 같습니다. 그렇게 시드머니를 키우고 실력도 쌓은 후에 조금 더 규모가 큰 투자에 도전하고 싶다면, 그때는 리스크에 따라 적절하게 분산하면서 투자하는 것이 좋습니다. 노파심에 다시 한번 강조하자면 모든 전제 조건은 '잃지 않을 지역을 선정하는 능력이 있는' 경우입니다.

04

투자는
운이 아니라 실력

운이 좋게도 제가 '부동산 스터디 카페'에 올린 글들을 많이들 사랑해주셔서 강의도 하게 되고, 댓글과 메일을 통해 참 많은 사람과 대화할 기회도 생겼습니다. 그런 기회가 있을 때마다 가장 많이 듣는 질문은 이런 것들입니다.

"A와 B 중에 어디를 선택하는 게 좋을까요?"
"어디가 오를지 찍어주세요."
"지금 파는 게 맞을까요? 계속 들고 갈까요?"

죄송스럽게도 이런 질문에는 답변하지 못했습니다. 왜냐하면 저런 질문에 답변할 능력도 안 될뿐더러, 제가 답변해봤자 질문자께 전혀 도움이 되지 않거나 나쁜 경우 오히려 독이 되기 때문입니다. 저런 질문을 받을 때 제 속마음은 솔직히 이렇습니다.

'그런 마음으로 부동산 투자를 계속하면 결국은 크게 잃을 확률이 높습니다.'

지금까지 그런 투자로 돈을 많이 번 사람도 있을 겁니다. 본인보다 많이 아는 전문가에게 몇백만 원의 돈을 주고 상담을 받는 것도 경제 논리로 보면 충분히 이해됩니다. 하지만 저는 이런 방식으로는 절대 부자가 되진 못한다고 생각합니다. 물론 아직 부자가 되지 못한 제가 감히 부자에 대해 언급하는 게 조심스럽긴 합니다. '내가 살 집 하나 있으면 돼. 벼락거지만 면하자'라고 생각한다면 크게 상관없습니다. 잘 모르는 부동산은 전문가에게 맡기고, 현재 본인이 하는 일을 열심히 하면 됩니다. 하지만 부자는 되기 힘든 마인드입니다. 부동산을 예로 들긴 했지만 이런 사람은 주식이나 코인도 같은 방식으로 접근할 확률이 굉장히 높기 때문입니다. 대중 심리에 이끌려 남의 말을 듣고 투자하는 경우가 대부분이고, 최근 상승장을 타고 몇천만 원이나 몇억 정도를 번 사람도 있겠지만 그걸로 투자를 지속해서 그 부를 계속해서 유지하고 키워나갈 수 있는 사람은 많지 않습니다. 제 주변에도 코인으로 몇십 억을 벌어 퇴사한 후배가 있습니다. 그 후배가 공부를 열심히 했는지 운이 좋았는지는 알 수 없습니다. 확실한 것은 본인의 확신으로 코인에 1억 이상의 돈을 넣었다는 사실입니다. 도박하려면 저 정도 용기는 있어야 합니다. 그래야 한 방에 인생역전이 가능하거든요. 그런데 저건 말 그대로 투자가 아니라 '도박'입니다. 한 번에 저렇게 벌지 못하면 다시 잃게 될 확률이 높으니까요.

결국 중요한 것은 본인이 스스로 공부하는 것입니다. 부동산이든, 주식이든, 코인이든 스스로 공부하지 않으면 확신을 얻을 수 없습니다. 아무리 유명한 전문가가 찍어주더라도, 용한 무당이 찍어주더라도 본인이 확신할 수 없으면 흔들립니다. 제가 좋아하는 《나는 부동산과 맞벌이한다》의 저자 너바나 님이 '아무리 좋은 단지를 찍어줘도 확신이 없으면 그 아파트가 올라가기 전에 그 기간을 버티지 못하고 팔더라'라고 하는 걸 방송을 통해 여러 번 봤습니다. 너무 공감합니다. 그 아파트의 가치를 본인이 이해하지 못하면 제대로 매도할 수가 없습니다. 아파트 가격이 사자마자 바로 오른다고 하더라도 마찬가지입니다. 지금이 팔아야 하는 시기인지, 계속 가지고 있어야 하는지 불안하거든요. 그럴 수밖에 없죠. 왜냐하면 본인이 그 아파트의 가치를 모르고 샀으니까요. 그러니 계속 다른 사람에게 의지하게 되고, 가격이 올라도 불안하고, 가격이 내려도 불안한 겁니다.

우리네 인생을 돌이켜보면 참 공부를 열심히 했습니다. 초등학교부터만 따져도 고등학교까지 12년입니다. 12년을 오로지 좋은 대학에 가기 위해 공부합니다. 그리고 또 좋은 직장에 취직하기 위해 4년을 더 공부합니다. 어학연수니, 토익이니, 자격증이니 하며 1~2년 더 공부하면 거의 18년을 공부해서 겨우 취직에 성공합니다. 그런데도 아직 끝이 아닙니다. 직장에 취직하니 또 진급시험이라는 걸 봅니다. 공부를 끊임없이 해야 합니다. '이것도 모자라 부동산이나 주식을 또 공부하라고? 공부라면 진절머리가 나는데 또 공부?' 다들 이런 마음일 겁니다. 그런데 잘 생각해보자고요. 흙수저가 좋은 대학 간다고 바로 부자가 되나요? 좋은 대학에 가서 좋은 직장에 들어가면 부자가 되나요? 대기업에서 팀장 달고 부장으로 퇴직해도 겨우 서울에 집 하나 가지고 은퇴하는 게 우리네 삶입니다. 인서울 좋은 대학 +대기업 조합을 다 달성해도 겨우 저 정도가 가능할 뿐입니다. '자식들 잘 키우고, 노후에 우리 부부 살 집 하나 있으면 성공한 삶이지'라고 생각한다면 할 말 없습니다.

이 글을 읽고 있는 사람이라면 조금 더 돈을 벌고 싶고, 부자가 되고 싶다고 생각하는 사람일 겁니다. 그렇다면 힘들더라도 공부해야 합니다. 정말이지 열심히 해야 합니다. 1년만 미쳐서 부동산 공부를 하면 충분히 성공할 수 있습니다. 확신합니다. 진짜 딱 1년입니다. 1년만 미쳐서 공부하면 되는데 그게 귀찮고 싫으면 좋은 투자자 자질이 없는 겁니다. 좋은 직장에 취직하려고 18년을 공부만 했는데, 그깟 1년? 할 수 있지 않나요? 충분히 할 수 있습니다. '그럼 1년만 공부하고 여기저기 집만 사면 되는 거야? 그럼 끝나는 거야?'라고 질문할 수 있는데, 투자해보면 알겠지만 내 돈이 들어가면 공부가 그냥 공부가 아닙니다. 자다가 이불킥 몇 번 해보고 밤잠 설치다 보면 자연스럽게 공부하게 됩니다. 지금까지의 공부와는 다릅니다. 그러다가 돈을 벌고 삶의 질이 달라지는 것이 느껴지면 급기야 부동산 공부가 재미있어집니다. 그렇게 가지 말라고 해도 주말마다 임장하러 다니고, 평일에도 부동산중개소의 문을 열고 들어가게 됩니다. 누가 시켜서 하는 게 아니라 본인이 좋아서요. 그러니 그 단계까지만 가면 됩니다. 투자와 투기의 사전적 정의와는 별개로 많은 전문가가 나름의 정의를 내리는데, 저도 저만의 정의를 내려보겠습니다.

> 투자 : 본인이 스스로 공부해서 확신한 것에 자금을 투여함
> 투기 : 남이 추천하거나, 남의 말을 듣고 자금을 투여함

남의 말을 듣고 확신 없이 하는 행위는 '투기'라고 생각합니다. 부자가 되고 싶다면 투기는 안 됩니다. 돈을 잃든 벌든 '투자'를 해야 합니다. 그러니 어디를 찍어준다는 누군가의 말에 흔들리지 말고, 돈을 벌 수 있다는 다른 어떤 투자 수단에 흔들리지 말고, 얼마를 벌었다는 주변 사람의 이야기에도 흔들리지 마세요.

"공부하십시오. 투자는 요행이 아니라 실력입니다. 남에게 의지하는 투자는 결국 무너집니다."

만약 열심히 공부한 내용을 바탕으로 투자했는데 손실이 났다면 그게 정말 큰일이 난 걸까요? 저는 아니라고 생각합니다. 다시 일어설 수 있을 정도의 실패라면 오히려 칭찬하고 싶습니다. 그 실패를 바탕으로 철저하게 복기해서 더 좋은 투자를 할 수 있기 때문입니다. 그런데 만약 그 투자가 본인이 공부한 것이 아니라 전문가의 말이나 주변 지인의 말을 듣고 한 것이라면 그것이야말로 큰일입니다. 결국 본인이 선택한 일이라 원망도 할 수 없을뿐더러, 본인이 왜 투자했는지도 모르기 때문에 복기조차 안 됩니다. 복기가 안 되니 다음에 더 좋은 투자를 할 수 있을 리 만무하지요. 부동산 투자는 내가 스스로 공부하고 분석하고 임장하는 것에서 시작됩니다. 만약 이 글을 보고도 본인이 공부할 마음이 생기지 않는다면 더 이상 이 책을 읽지 않아도 좋습니다. 하지만 지금 공부하고자 하는 열정이 넘친다면 꼭 이 책을 끝까지 읽어보세요.

부린이라면
이렇게 공부를 시작하세요

만약 이 글을 읽고 있는 당신이 정말 부동산을 전혀 모르는 부생아(부동산+신생아의 합성어)라면 이 방법으로 공부를 시작했으면 좋겠습니다. 이 방법은 제가 공부한 방법으로, 많은 전문가가 추천하는 부동산 공부의 정석입니다. 뻔한 내용일 수 있지만 이것이 부동산 투자 공부의 기본이고, 이런 기본기를 갖춰야 무너지지 않는 성을 쌓을 수 있다고 믿습니다. 인생의 진리는 늘 한결같습니다. 천 리 길도 한 걸음부터고, 비록 시작은 미약할지라도 그 끝은 창대할 것이니까요.

1. 책

'뭐야, 또 뻔한 책 얘기야?'라고 생각할 사람이 많을 겁니다. 근데 어쩔수 없습니다. 책이 제일 싸면서, 바로 할 수 있고, 마인드를 잡기에도 좋고, 모든 것의 기본이 되기 때문입니다. 저도 현재의 제가 되기까지 참 많은 변곡점이 있었는데, 가장 큰 것 하나를 꼽으라면 바로 책을 읽기 시작한 시점이라고 할 수 있습니다. 책을 읽기 시작하면서 인생이 참 많이 바뀌었습니다. 시기별로 집중했던 것들은 달랐지만 취업 준비를 하면서, 직장 생활을하면서, 투자자의 길을 걸으면서 그때마다 읽었던 책들이 많은 도움이 되었습니다. 지칠 때 다시 힘을 낼 수 있는 동기가 되었고, 새로운 지식을 접했을 때는 신세계를 본 것 같은 희열을 주었고, 공감이 가는 얘기에는 위로를 받았습니다. 부동산을 공부할 때도 저는 가장 먼저 책으로 시작했습니다. 너무 늦은 게 아닐까 생각했던 시기라서 마음이 급했는데, 제가 관심이생겼을 때 바로 시작할 수 있는 것이 바로 책을 주문하는 것, 그리고 책을읽는 것이었습니다. 좋은 책들이 많지만 제게 큰 도움이 되었던 몇 권을 소개할까 합니다.

▶ 나는 부동산과 맞벌이한다, 너바나
투자 마인드를 잡고 갭투자의 기본 원리를 이해하는 데 큰 도움이 됩니다.

▶ 월급쟁이 부자로 은퇴하라, 너나위
수학에 정석이 있다면 부동산의 정석은 이 책을 꼽고 싶습니다. 목차가 잘 잡혀있어 책이 술술 읽힙니다.

▶ 10년 동안 적금밖에 모르던 39세 김 과장은 어떻게 1년 만에 부동산 천재가 됐을까?, 렘군

3번을 정독했을 만큼 놀라운 책. 아는 만큼 보이기 때문에 이 책은 읽으면 읽을수록 와닿는 게 많습니다.

▶ 빅데이터로 부동산 투자했다는 박대리, 그래서 얼마 벌었대?, 플대표

젠가 투자법을 통해 잃지 않는 투자법을 알려줍니다. 저의 7차 필터링을 정리하는 데도 많은 영향을 받았습니다.

▶ 빅데이터 부동산투자, 김기원

우리가 생각하는 것보다 많은 변수가 부동산 사이클에 영향을 주는데 그것이 어떻게, 왜 영향을 주는지를 설명합니다.

▶ 내 집 없는 부자는 없다, 대치동키즈

정말 인사이트가 깊은 실전 투자자, 놀라운 통찰력에 항상 감탄하며 블로그도 구독 중입니다.

▶ 강남에 집 사고 싶어요, 오스톨로이드

어느 정도 인사이트가 생긴 후에 보면 더 좋은 책입니다. 우리 엄마가 부동산 고수라면 이런 글을 써줬을 것 같은 느낌입니다.

이 밖에도 정말 좋은 책이 많습니다. 시중에 나와 있는 유명한 부동산 책은 거의 다 읽었다고 생각하는데요. 읽으면 읽을수록 좋은 책도 많지만, 비슷비슷한 책도 많았습니다. 최대한 많은 책을 편견 없이 읽고, 마음에 드는 책은 2~3번 반복해서 읽어보세요. 만약 위의 책 중에 아직 읽지 않은 것이 있다면 이것들부터 읽어보라고 강력하게 추천하겠습니다. 순서는 상관없습니다.

2. 유튜브&팟캐스트

저는 고등학교 때부터 이동할 때 공부하는 걸 좋아했습니다. 뭔가 이동하는 시간을 그냥 낭비하는 게 아깝다는 생각을 많이 했었는데, 그 습관이 지금까지 그대로네요. 이동할 때 그냥 노래를 듣거나, 드라마나 게임 유튜브를 보는 것도 좋지만 도움이 되는 유튜브나 팟빵을 들어보세요. 다음은 제가 즐겨 보거나 듣는 방송들입니다.

▶ 월부채널(월급쟁이부자들) - 유튜브/팟빵

제가 가장 즐겨 듣는 채널입니다. 참고로 제가 월부 얘기를 자주 해서 월부 출신인 줄 아는 분이 많은데 아닙니다. 월부 출신의 친구에게 많은 영향을 받긴 했지만요. 강의는 듣지 못했지만 거의 모든 방송을 청취했을 만큼 애청자입니다. 제가 가진 투자 마인드는 너바나 님과 너나위 님의 영향을 많이 받았습니다. 월부채널에는 전문가 고수 초대, 고민상담 코너, 투자 경험담 등 다양한 에피소드가 있어서 인사이트를 넓히는 데 도움이 되고, 부린이가 입문으로 듣기 좋은 내용이 많습니다. 팟빵과 유튜브의 내용이 똑같으니 편한 걸로 선택하면 됩니다.

▶ 부동산 읽어주는 남자 - 유튜브

정리가 어쩜 그렇게 깔끔한지 정말 그 능력에 감탄 또 감탄하면서 듣는 방송입니다. 경매를 베이스로 하지만 부동산과 경제를 보는 식견 자체가 남다르다는 느낌을 많이 받습니다. 본인이 많이 아는 것과 그것을 요약하여 듣기 좋게 설명하는 것은 분명히 다른 능력인데, 부읽남 님은 그 능력이 엄청납니다.

▶ 부동산전망 No.1 렘군 – 유튜브

렘군 님의 과거 영상(지역 분석하는 방법)은 저의 7차 필터링의 기초가 되는 소중한 자료입니다. 최근에는 전국 콕콕 콘텐츠를 자주 봤는데, 렘군 님은 제가 아는 부동산 전문가 중 가장 식견이 넓은 분이 아닐까 싶습니다. 갭투자, 분양권, 재개발/재건축, 상가, 지식산업센터, 경매 등 부동산의 모든 분야를 마스터하고 있는 분이라고 생각합니다.

▶ 부룡의 부지런TV – 유튜브

실전 투자 경험이 아주 많은 부룡 님은 항상 좋은 인사이트를 줍니다. 무리한 투자보다는 순리에 맞는 투자를 지향하는 면이 저에게 많은 영향을 주었습니다. 시장에서 오래 살아남는 사람이 진정한 고수라고 생각하는데, 부룡 님이 그런 분인 것 같습니다. 매주 올리는 KB시세 데이터 분석만 들어도 전국의 흐름을 한 번에 이해할 수 있습니다.

▶ 아포유 – 유튜브

워낙 많은 분이 좋아하는 분이고, 데이터 분석을 통한 부동산 전망에서 굉장히 높은 적중률을 보이는 분이기도 합니다. 어디를 찍어주는 것이 아니라 그것이 일어난 현상에 대해 분석해주기 때문에 더 신뢰가 갑니다.

▶ 부자해커 - 유튜브

경매에 관심이 생겨 공부할 때 알게 된 채널입니다. 강의까지 수강했는데, 참 대단한 분입니다. 경매가 딱딱하고 어려울 수 있는 초보를 쉽게 이해시키는 능력만으로도 충분히 경쟁력이 있습니다.

▶ 아실 유거상 대표

아실(아파트실거래가 앱) 채널이나 유거상 대표님의 개인 채널은 없습니다. 하지만 저는 유거상 대표님을 너무나 좋아합니다. '부동산은 비교의 학문이다'라는 말은 제 부동산 투자의 핵심 가치관이기도 합니다. 유튜브에 '아실'이나 '유거상'을 검색하면 유거상 대표님이 출연한 많은 영상을 접할 수 있습니다.

3. 강의 or 혼자 공부(장단점)

참고로 저는 제대로 강의를 들은 적이 없습니다. 경매 공부를 위해 부자해커 님의 온라인 경매강의를 수강한 것과 법인투자를 위한 1회짜리 특강을 하나 들은 게 전부입니다. 따라서 어떤 강의가 좋은지 여기서 소개할 수는 없습니다. 하지만 제가 강의를 듣지 않았다고 해서 강의가 필요 없다고 생각하는 것은 결코 아닙니다. 그래서 강의를 듣는 것과 혼자 공부하는 것의 장단점을 말해볼까 합니다.

강의 듣는 것

장점

❶ 내비게이션 어떻게 해야 할지 아무것도 모르고 답답할 때 좋은 강의

를 듣는다는 것은, 전혀 모르는 길 위에서 내비게이션을 켠 것 같은 효과를 내지 않을까요?

❷ **시행착오 줄이기** 강의를 한다는 건 그만큼 노하우가 있다는 것이고, 이미 시행착오를 겪어봤을 확률도 높습니다. 그분의 경험을 통해 실패 확률은 낮추고, 성공 확률은 높일 수 있습니다.

❸ **강제 시행 효과** '빨리 가려면 혼자 가고, 멀리 가려면 함께 가라'는 유명한 격언처럼 강의를 듣는다는 것은 어떤 커뮤니티에 들어가는 것을 뜻하기도 합니다. 힘들고 하기 싫더라도 함께 하는 사람들이 있으면 그것을 이겨낼 힘이 생길 확률이 높습니다.

❹ **마음의 안정** 아무것도 모르는 상태에서 혼자 해낸다는 것은 굉장한 용기와 실행력이 필요합니다. 하지만 강의를 듣게 되면 내가 현재 맞게 가고 있는지 중간중간 확인도 할 수 있고, 위로도 받을 수 있으며, 실행의 용기도 생기게 됩니다.

단점

❶ **비용** 사실 이 비용을 아까워하면 안 된다고 생각하지만, 현실적으로 이 비용조차 부담스러운 사람이 있을 겁니다. 만약 비용이 부담된다면 위에 언급한 책이나 유튜브/팟빵으로 시작해보세요.

❷ **스케줄 관리** 강의마다 특성이 다른데 강의 커리큘럼이 빡빡한 경우 스케줄 관리를 잘해야 합니다. 특히 가족과의 관계보다 강의가 우선이면

안 됩니다. 주객이 전도되는 것이죠. 급격한 상승장에서는 1년 미쳐서 공부한 후 투자하면 바로 몇억씩 성과를 올리기도 했지만, 지금은 그런 시장이 아닙니다. 투자는 장기 싸움이죠. 그러니 강의 때문에 본인의 일정에 차질이 생기거나 가족관계를 희생시키지 마세요. 가족과의 관계를 우선시하고, 그것을 고려하고도 모두 소화할 수 있는 상태에서 강의를 들어야 합니다.

❸ **좁은 시야** 책이나 유튜브 등을 통해 충분히 인사이트를 쌓지 못한 상태에서 강의만 듣다 보면 결국 '그래서 어디가 오른다는 거야. 찍어줘.' 이런 마음을 갖게 되는 것 같습니다. 또 강사가 얘기하는 것이 전부라고 생각하기도 쉽죠. 하지만 세상은 넓고 돈을 벌 방법은 많습니다. 부동산뿐만 아니라 주식이나 코인도 있고, 부동산에도 경매, 재건축&재개발, 분양권, 일시적 2주택 갈아타기, 갭투자 등 투자 방법은 수없이 많습니다. 그러니 여러 강의를 편견 없이 들어보고, 좋은 인사이트를 갖기 위해 다른 노력을 병행할 것을 권합니다.

혼자 공부하는 것

장점

❶ **시간과 비용** 내가 원하는 시간에 원하는 내용을 공부할 수 있습니다. 그리고 돈도 들지 않습니다. 물론 책 구매 비용은 제외입니다.

❷ **스케줄 관리** 내 일정을 내가 관리하고, 내가 조절할 수 있다면 큰 장점이죠? 그럴 자신이 없다면 혼자 공부하는 것은 효과도 없고 시간만 낭비하는 위험한 방법이 될 수 있습니다.

❸ **넓은 인사이트** 다양한 전문가의 글과 영상을 편견 없이 접할 수 있습니다. 강의를 들으면 어쩔 수 없이 수업을 들었던 강사에게 의지하게 됩니다. 하지만 혼자 공부한다는 것은 나 자신을 믿는 것이기 때문에 최대한 많은 것을 보고 배우려고 노력할 수 있습니다.

단점

❶ **의지박약에는 취약** 본인이 의지박약이라면 절대 하지 말아야 합니다. 하다가 금방 지치고 포기하게 되니까요. 저는 투자는 마라톤이라고 생각합니다. 하다가 중간에 포기하면 의미가 없습니다. 고생한 시간이 그대로 날아가요. 그러니 혼자 꾸준히 오래 할 수 있는 사람만 혼자 공부하는 방법을 택하세요.

❷ **방향 잡기** 편견 없이 많은 의견을 접할 수는 있지만, 방향을 잡지 못할 수 있습니다. 한 분야에서 성과를 내기 전에 여기저기 기웃대는 것은 위험합니다. 경매면 경매, 갭투자면 갭투자 하나로 방향을 확실히 정한 후 노력하고 그 분야에서 성과를 먼저 낼 것을 권합니다.

❸ **멘토 부재** 현재 저에게 가장 부족한 부분입니다. 멘토가 있었다면 조금 더 좋은 인사이트와 결과물이 있었을 텐데 하는 아쉬움이 항상 있습니다. 그래서 멘토로 모실 수 있는 분을 찾고 있습니다. 물론 책이나 영상으로 많은 영향을 준 분들을 멘토로 생각하고는 있지만, 개인적으로 연락하면서 의지할 수 있는 멘토가 있다면 더 좋지 않을까 생각합니다.

06
유용한 부동산
사이트 정리

　이번에는 부동산을 공부하는 사람이라면 정말 도움이 많이 되는 부동산 사이트를 소개하고, 사용법을 알아보겠습니다. 부동산 사이트가 많지만 여기서 소개하는 사이트들만 완벽하게 사용해도 투자하는 데 전혀 부족하지 않습니다. 책을 펴놓고 실제 사이트를 보면서 따라 해보면 훨씬 도움이 될 것입니다.

부동산지인 https://aptgin.com

　인구/세대수, 입주물량, 미분양 데이터를 볼 때 주로 이용하는 사이트입니다. 시크릿브라더의 부동산 분석법 1~7차 필터링 과정이 있는데, 그중

1~2차 필터링은 대부분 부동산지인 사이트를 통해 해결하고 있습니다. 다른 사이트에도 같은 기능이 있지만 부동산지인이 가장 보기 편했습니다. 다만 웹보다 스마트폰 앱이 다소 불편하니 집에서는 부동산지인을 활용하고, 임장하러 가서는 호갱노노나 아실 앱을 활용해보세요.

1 인구/세대수

지인 빅데이터 ▶   인구/세대수 ▶   '지역선택'에서 원하는 지역 선택

이렇게 검색하면 해당 지역의 어디에 인구/세대수가 가장 많은지가 보입니다. 보통의 경우 인구/세대수가 많을수록 수요가 많고, 가격이 비싼 동네일 확률이 높습니다. 물론 절대적인 것은 아닙니다. 화면을 밑으로 내려보면 인구수와 세대수가 나오는데, 인구수가 늘어나는 지역이면 좋지만 인구수가 줄어들더라도 세대수가 늘어난다면 아직은 괜찮다고 말할 수 있습니다. 인구수가 늘고 있다는 것은 수요가 늘고 있다는 얘기이고, 수요가 많아지면 많아질수록 상승기가 길고 상승의 폭이 가파르게 오를 확률이 높습니

다. 그러니 인구수는 기본적으로 많으면 많을수록 좋고, 최대한 덜 줄어드는 도시를 선택하세요. 스크롤을 밑으로 더 내려보면 '연령별 인구 비율'과 '연령별 인구 증감'이 있는데, 영유아~10대+30대 비중이 높을수록, 늘어나는 지역일수록 좋긴 하지만 중요한 부분은 아니니 참고만 하면 됩니다.

2 수요/입주

'수요/입주' 탭은 2차 필터링에 나오는 '공급'을 알기 위해 꼭 확인해야 하는 중요한 기능입니다. '공급=입주물량'이라고 생각하고, 자료는 부동산지인에 나오는 정도만 봐도 됩니다.

'수요/입주'와 '수요/입주 플러스'가 있는데, '수요/입주'는 1개 지역만 볼 수 있고, '수요/입주 플러스'는 수요에 영향을 주는 주변 지역까지 추가해서 볼 수 있다는 장점이 있습니다. 주변에 영향을 주는 도시가 없어 1개 지역만 봐도 되는 지역(포항, 원주 등)이라면 '수요/입주'만 봐도 상관없고, 주변 공급까지 같이 봐야 하는 지역(천안+아산, 김해+창원, 구미+김천 등)이라면 '수요/입주 플러스' 탭을 사용해보세요. 동시에 3개 지역까지 선택할 수 있습니다. 예를 들어, 김해라면 창원과 부산의 강서구 정도까지 같이 보면 더 정확한 적정공급량을 확인할 수 있죠.

스크롤을 맨 밑으로 내리면 '지역별 아파트 상세 검색' 탭이 있는데, 여기서 기간을 '24년 말'로 바꿔서 검색하면 어디에 들어오는지 위치까지 확인할 수 있습니다. 입주물량이 메인 입지에 들어오는지, 외곽에 들어오는지 등을 확인하면 향후 미분양 여부를 예측할 때 도움이 됩니다.

3 미분양

지인 빅데이터 ▶   미분양 ▶   '지역선택'에서 원하는 지역 선택 미분양 데이터는 2차 필터링의 핵심입니다. 수요와 공급 중 저는 수요를 더 중요한 데이터로 보는데, 그 수요 데이터를 미분양을 통해 확인할 수 있습니다. 미분양은 해당 월의 수치보다, 감소하고 있는지 증가하고 있는지의 추세를 보는 것이 더 중요합니다. 미분양 데이터를 부동산지인에서 자주 보는 이유는 '준공 후 미분양 데이터' 때문입니다. 준공 후 미분양은 말 그대로 다 지었는데 빈집 상태로 있는 물량을 의미합니다. 흔히 '악성 미분양'이라고 부릅니다. 미분양 수치도 중요하지만, 악성 미분양으로 분류되는 준공 후 미분양까지 감소해야 그 지역의 가격이 상승할 수 있습니다.

이 밖에도 좋은 기능이 많습니다. 특히 부동산지인이 자랑하는 '매매/전세 시장강도'는 매매/전세가격지수에 선행하여 움직이기 때문에 잘만 활용하면 상승과 하락 전조를 예측할 수 있는 굉장히 좋은 데이터라고 생각합니다. 이게 모든 지역에 들어맞으면 정말 유용할 텐데 제 이해력 부족으로 제대로 활용하지 못하고 있습니다. 이 부분을 깊게 공부해봐도 좋을 것 같습니다.

호갱노노 https://hogangnono.com

제가 가장 좋아하는 사이트 중 하나입니다. 시세를 주시하고 있는 관심 단지들도 다 호갱노노를 통해 체크하고, 기본적인 매매/전세가격의 흐름, 필터링을 통한 아파트 검색, 규제지역 검색, 인구 이동 분석, 학원가, 분위지도, 직장인 연봉, 개발호재, 거주민 이야기까지 정말 너무나 많은 기능을 사용합니다. 앱도 사이트랑 똑같아서 활용도가 더욱 높습니다.

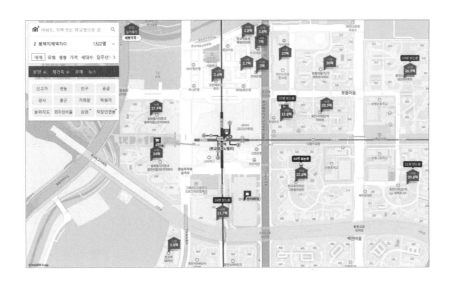

1 인구

메인화면 왼쪽 위 ▶ 인구 ▶ 순인구이동 ▶ '3년 전'으로 검색

인구/세대수는 부동산지인을 통해 보지만, 인구가 어디에서 '어디로' 이동하고 있는지는 호갱노노를 통해 확인합니다. 지방 도시의 인구는 대부분 서울/수도권으로 많이 빠져나가기 때문에 어디로 빠져나가는지보다는 어디에서 인구가 유입되고 있는지를 확인하는 게 중요합니다. 주변에서 인구가 많이 유입되면 유입될수록 좋은 도시이기 때문입니다. 예를 들어 김해는 주변인 창원과 부산에서 인구가 많이 유입되고 있는 도시입니다. 주변 인구를 흡수하고 있다는 것은 그만큼 그 도시가 살기 좋다는 방증이고, 가격 상승 가능성이 크다고 판단할 수 있습니다. 대표적인 도시가 세종시죠. 세종시는 대전을 포함해 천안, 청주 등 주변 모든 도시의 인구를 블랙홀처럼 빨아들이고 있고, 공급이 어마어마하게 많았음에도 불구하고 가격이 오르는 힘을 보여줬습니다. 이것이 수요(인구 증가)의 힘입니다.

2 경사

많은 분이 임장할 때 유심히 보는 부분이 바로 '경사'입니다. 언덕에 있는 아파트보다는 아무래도 평지에 있는 아파트의 선호도가 높고, 같은 조건이라면 가격이 비쌀 확률도 높습니다. 내가 관심 있는 아파트가 언덕에 있는지, 평지에 있는지를 임장하러 가보지 않고도 확인할 방법이 호갱노노에 있습니다. 호갱노노 왼쪽 위에 있는 '경사' 탭을 활용하면 그 지역에 언덕이 있는지를 확인할 수 있습니다. 경사의 방향과 정도까지 알 수 있는 유용한 기능입니다.

3 분위지도

5차 필터링을 할 때 쓰는 기능입니다. 지역의 평균가와 더불어 분위지도를 보면 그 지역에서 어디가 비싼 지역인지 즉, 입지가 좋은 곳인지를 한눈에 파악할 수 있습니다. 당연히 비싼 아파트가 몰려있는 지역이 급지가 높은 곳이죠. 분위지도는 실거래가와 평단가 등으로 구분해서 볼 수 있으니, 원하는 조건으로 선택해서 보면 됩니다.

4 학원가

6차 필터링에서 말하는 '학군지'를 찾을 때 활용하는 기능입니다. 저는 이 기능을 아주 많이 사용합니다. 아무것도 모르는 지역을 검색할 때 일단 학원가가 형성되어 있다면 입지가 좋을 확률이 높기 때문입니다. 내가 학원 원장이라고 생각해보면 쉽습니다. 수요가 많은 지역에 들어가는 것이 좋고, 기왕이면 학원들이 모여있으면 더 좋겠죠? 요즘은 학원을 1개만 보내는 것이 아니라 국영수를 포함해 미술, 음악 등 다양한 것을 가르치니까요. 일단 10대가 많다는 것은 경제활동이 가장 왕성한 30~40대 부모가 많이 산다는 뜻이기도 하니 주변 상권까지 발달했을 확률이 높습니다. 학원가가 있다는 것만으로도 살기 좋은 곳이고, 주변보다 가격이 비싼 지역이라는 것을 유추해볼 수 있으니 호갱노노의 '학원가' 탭은 굉장히 중요한 기능입니다.

5 직장인 연봉

이 기능도 유용합니다. 해당 지역의 연봉보다는 어떤 기업들이 있는지를 보는 편입니다. 종사자 수가 많고 연봉이 높은 기업이 많은 동네가 좋은 곳이고, 출퇴근 시 그곳까지 얼마나 빠르게 갈 수 있는지를 체크하는 것이 포인트입니다.

6 개발 호재

이 탭은 기본 조건에서는 보이지 않습니다. '설정'으로 들어가서 동의해야 보입니다. 개발 호재라는 건 확정된 것이 아니라 바뀔 수 있고, 그에 대한 책임을 호갱노노가 질 수는 없으니 선택 사항으로 해놓은 것입니다. 이걸 믿고 투자했는데 잘못된 정보를 줬다며 고소하는 상황이 발생할 수도 있으니까요. 수도권 임장이나 분석을 할 때 이 기능을 굉장히 많이 사용합니다. 서울/수도권은 직주근접이 중요한 요소 중 하나이고, 이 호재에 따라 가격변동이 크기 때문입니다.

7 규제

어디가 투기지역인지, 투기과열지역인지, 조정대상지역인지 항상 헷갈리는데 호갱노노의 '규제' 탭을 보면 한눈에 쉽게 볼 수 있습니다. 탭을 눌러보면 규제 종류별 대출, 세금 등의 정보까지 확인할 수 있습니다.

8 필터

아파트 단지를 검색할 때 정말 많이 쓰는 기능입니다. 7차 필터링 부분에서 자세히 설명하겠지만 내 투자금에 맞는 단지를 찾을 때도 여기서 필터링해서 검색하면 됩니다. 연식, 세대수, 평형 등을 내가 보고 싶은 조건에 맞게 볼 수 있는 아주 유용한 기능입니다.

이 외에도 좋은 기능들이 많지만, 저는 아파트 거주민의 이야기를 보고 싶을 때 호갱노노를 많이 찾아보는 편입니다. 아파트 단지를 클릭하면 '이야기'라는 기능이 있는데 여기를 클릭하면 해당 단지에 대한 호재나 장단점 등 거주민의 실제 이야기를 볼 수 있습니다. 물론 대부분 좋은 이야기가 올라오니까 단점에 초점을 맞춰서 최대한 객관적인 시각으로 분석해야 합니다.

아실(아파트실거래가) http://asil.kr

아실도 자주 사용합니다. 특히 4차 필터링인 '비교평가'를 할 때 꼭, 무조건, 항상 써야 하는 필수 기능이 있죠. 이 외에도 호갱노노와는 다른 매력을 가진 활용도 높은 곳입니다. 아실 역시 앱이 너무 잘 되어 있어서 스마트폰에서의 활용도가 높습니다.

1 여러 아파트 가격비교

더보기	여러아파트 가격비교 ▶	시세견인단지 추가

중요한 것은 어떤 아파트를 선택해서 비교하느냐인데 이것이 4차 필터링

의 핵심입니다. 아실은 친절하게 '시세견인단지 추가' 기능을 넣어줘서, 여기에서 아파트를 선택하면 그 지역을 대표하는 아파트를 자동으로 선택할 수 있습니다. 다시 한번 강조하지만, 부동산은 비교의 학문입니다. 그러니 이 기능을 숨 쉬듯이 활용할 줄 알아야 성공적인 투자를 할 수 있습니다. 이 기능은 투자뿐만 아니라 실거주자도 꼭 활용해야 합니다. 바로 옆 단지여도 순간적인 저평가가 일어날 수 있고, 심지어는 같은 아파트의 다른 평형끼리 비교해보면 순간적으로 저평가된 평형이 나오는 경우도 많습니다.

2 매매/전세 가격변동

더보기 ▶ 부동산 빅데이터 ▶ 가격 변동 ▶ 매매/전세 가격변동

3차 필터링인 매매/전세지수 분석에 활용하는 기능입니다. 이 기능을 활용하면 현재 해당 지역의 매매/전세가격의 움직임을 볼 수 있고, 매수 타이밍까지 계산할 수 있습니다. 저는 좋은 매수 타이밍을 매매지수가 전세지

수를 뚫고 내려가는 시점이라고 말하는데, 자세한 내용은 뒤에 나올 3차 필터링 과정에서 설명하겠습니다.

3 학군(선호 중학교 검색)

6차 필터링에 나오는 학군지에서 학원가와 더불어 확인해야 하는 기능입니다. 선호 중학교(학업성취도가 높은 중학교) 여부입니다. 학군은 중학교 학업성취도만 봐도 무방하며, 지역마다 차이는 있지만 보통 85% 이상이면 괜찮은 중학교라고 볼 수 있습니다.

아실에는 이 외에도 정말 좋은 기능이 너무 많습니다. '매물증감'을 통해 어느 지역의 매물이 늘고 있는지, 줄고 있는지를 알 수 있습니다. '갭투자 증가지역, 외지인투자 증가지역' 기능을 통해서는 현재 투자자들이 어느 지역에 들어가고 있는지 흐름을 파악할 수 있습니다. '매수심리' 기능을 이용하면 현재 해당 지역 분위기가 어떤지를 짐작할 수 있습니다. 저는 집에서 손품을 팔 때는 부동산지인에서 입주물량을 보고, 현장에 나가서는 아실 앱을 통해 확인합니다. '더보기 → 부동산 빅데이터'에 들어가면 공급, 미분양, 매수심리, 인구변화 등 다양한 데이터를 쉽게 알 수 있습니다.

네이버 부동산 https://land.naver.com

모든 손품이 끝나고 최종적으로 실제 매물을 확인할 때는 항상 네이버 부동산을 활용합니다. 가장 많은 중개소가 활용하는 사이트이기도 하지만 매물도 가장 많기 때문입니다. 네이버 부동산은 매물 확인 이외에도 거리

재기나 거리뷰, 지적편집도 같은 좋은 기능들이 많습니다. 이 기능들까지
활용한다면 조금 더 사이트를 유용하게 쓸 수 있을 겁니다.

카카오맵 https://map.kakao.com

사실 지도맵은 아무거나 상관없습니다. 네이버 지도도 좋은데 개인적으
로 카카오맵이 편해서 자주 씁니다. '주변' 탭을 활용하면 그 지역의 병원,
약국, 대형마트 등의 위치를 쉽게 알 수 있고, '길찾기' 기능으로 핵심 일자
리로 가는 교통수단을 파악할 수 있죠. 임장 전에 미리 확인하세요. 중요한
기능이 하나 더 있는데, 바로 거리뷰를 이용한 과거 vs 현재 비교 기능입니
다. 비교를 통해 해당 지역의 미래를 상상해보는 연습인데, 임장 고급편에
서 자세히 다뤄보겠습니다.

리치고 https://m.richgo.ai/

이 외에도 좋은 사이트와 앱이 참 많은데, 부린이라면 이 정도 기능만 완벽하게 써도 충분히 손품과 임장, 그리고 아파트 분석까지 잘할 수 있을 겁니다. 이미 위 사이트들과 기능을 충분히 사용하고 있다면 '부동산 리치고' 앱을 통해 조금 더 세부적으로 챙겨보는 것도 좋습니다. 부동산 리치고에는 입주물량, 미분양뿐만 아니라 '주택구매력지수, 소득대비 저평가지수, 물가대비 저평가지수' 등 부동산 가격을 예측할 수 있는 중요한 지표를 많이 다루고 있습니다. 다른 사이트에는 없는 차별화된 기능이기 때문에, 부동산 중수 이상이라면 분명 큰 도움이 될 것입니다. 과거 리치고에는 미래 가격 예측 기능이 있었는데 현재는 없어진 상태입니다.

리치고에 들어간 후 지도상에 있는 아파트 하나를 클릭하면 왼쪽에 클릭한 아파트에 관한 요약 정보가 나타납니다. 중요 정보들을 한눈에 보기 좋게 정리해 놓았죠? 저는 이 중에서 '투자 점수 분석' 기능을 자주 활용합니다. 리치고는 9가지의 항목을 분석해 투자 점수를 알려주는데, 개인적으로 이 점수가 다소 보수적이라고 생각합니다. 특히 여기서 설명할 4가지 항목은 거의 모든 도시가 투자에 신중해야 한다는 '유의' 수준일 만큼 점수가 낮습니다. 전국에 투자할 만한 단지가 마땅히 보이지 않을 정도로 보수적으로 책정된 게 오히려 이 지표의 신뢰도를 낮추는 것 같습니다. 그러니 참고 자료 정도로 보세요. 잃지 않는 투자를 위해 보수적으로 접근하는 게 나쁘진 않지만, 이 지표를 기준으로 삼으면 전국에 투자할 물건이 없으니까요. 지수를 점수화한 것 역시 리치고의 기준에 따른 것이지 수학 공식처럼 절대적인 것은 아닙니다.

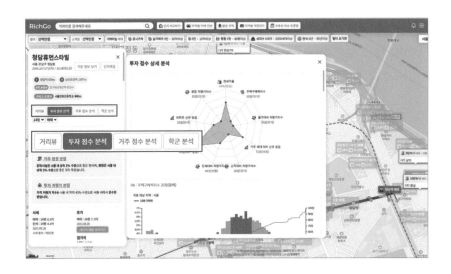

1 주택구매력지수

대출을 받아서 집을 살 수 있는 여력을 말합니다. 이 지수가 높으면 높을수록 집을 사는 데 부담이 적어진다는 의미입니다. 그래프상 녹색이 많으면 집을 사기 좋았던 시기, 붉은색이 많으면 집을 사기에 좋지 않은 시기라고 해석할 수 있습니다. 다음 그래프는 서울의 주택구매력지수인데, 2021년 현재 08년 때만큼이나 지수가 낮다는 걸 알 수 있습니다.

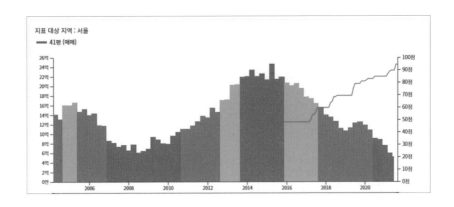

2 물가대비 저평가지수

물가와 비교했을 때 아파트 매매가격이 얼마나 높고 낮은지를 평가한 지수입니다. 이 지수가 높으면 높을수록 아파트 가격이 고평가되어 있다고 해석하면 됩니다. 다음 그래프는 서울 강남구의 아파트인데 14년이 가장 매수하기 좋았던 시기로 나오고, 현재는 최근 20년 동안 가장 고평가되었다고 나오네요.

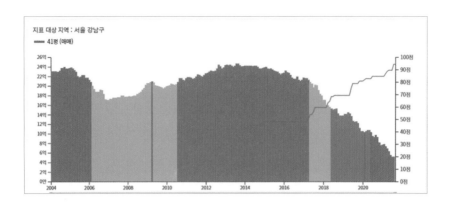

3 소득대비 저평가지수

소득과 비교했을 때 아파트 매매가격이 얼마나 높고 낮은지를 평가한 지수입니다. 소득보다 아파트 가격이 비싸지면 이 지수가 낮아지고, 반대로 아파트 가격 상승 대비 소득이 더 많이 오르면 이 지수는 높아집니다. 이 지수가 높으면 높을수록 아파트를 사기 좋은 시기라고 해석하면 됩니다. 다음 그래프는 서울 강남구의 아파트인데 역시 14년이 가장 매수하기 좋은 타이밍이었고, 현재는 가장 안 좋은 시기입니다. 소득이 증가한 것보다 아파트 가격이 훨씬 많이 올랐다는 이야기입니다. 소득 대비 저평가지수 역시 서울을 고평가로 판단하고 있네요.

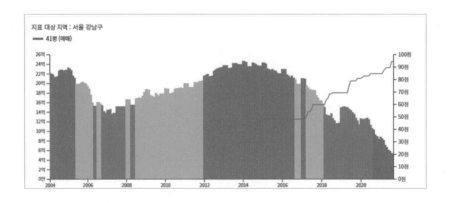

4 전세대비 저평가지수

전세가격과 비교했을 때 아파트 매매가격이 얼마나 높고 낮은지를 평가한 지수입니다. 전세가율을 지역으로 점수화해서 보여준다고 생각하면 이해하기 쉬울 것입니다. 20년에 최저점을 찍고 조금씩 상승 중이지만, 14년에 비하면 아직 부족한 점수로 나옵니다. 공급물량 부족 및 임대차 3법의 영향으로 전세가가 오르고 있지만, 전세가 상승보다 매매가 상승이 더 크게 나타나고 있음을 보여줍니다.

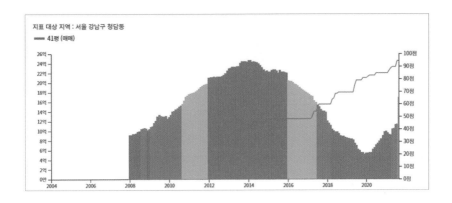

07

임장 가면 뭘 봐야 하나요?
: 초급편

부동산에서 '임장'이라는 활동은 무엇보다 중요합니다. 언제나 그렇지만 답은 현장에 있기 때문입니다. 아무리 앉은 자리에서 많은 정보를 얻을 수 있고, 부동산 사이트의 정보가 좋아졌다고 해도 결국은 현장에서 답이 나옵니다. 하지만 아무것도 모르는 상태에서 임장해봐야 앞에 보이는 건물은 아파트요. 지나가는 사람들은 그냥 동네 주민으로밖에 안 보입니다. 그래서 임장하러 가서 무엇을 봐야 하는지, 어떻게 하면 효과적인 임장을 할 수 있는지를 먼저 공부하고 현장으로 나갈 것을 권합니다. 꼭 중급, 고급편까지 마스터하고 현장에 나갈 필요는 없습니다. 제가 설명한 것들을 바탕으로 일단 현장에 나가보고, 많은 임장을 다니면서 서서히 시야를 넓혀가 보세요. 초급편은 부린이가 꼭 알아야 할 기초 지식이 많이 나오므로, 임장을 몇 번 해봤거나 부동산을 조금 아는 분이라면 중급편부터 봐도 됩니다.

초급편에서는 현장 부동산중개사사무소에 들어가서 확인할 것들 말고, 지역을 쓱 훑어보는 '분위기 임장'에 초점을 맞춰 설명합니다. 임장을 너무 어렵게 생각하지 않았으면 좋겠습니다. 특히 분위기 임장은 더더욱 그렇죠. 그냥 다른 동네 산책하러 간다고 생각하면 마음이 편합니다. 초급편과 중급편의 핵심을 요약하자면 다음과 같습니다.

임장 초보: 나라면 여기 살고 싶을까?
임장 중수: 남들도 여기 살고 싶을까?

이렇게 생각하면서 지역을 둘러보세요. 일단 부동산은 내가 살기 좋으면, 남들도 살기 좋을 확률이 높습니다. 하지만 이건 어디까지나 확률이 높다는 것이지 절대적인 것은 아닙니다. 임장이 익숙하지 않다면 남들이 살기 좋든 말든 우선 내가 살기 좋은지만 파악하면 됩니다. 남들이 살기 좋은지는 임장이 조금 익숙해지면 그다음에 생각해도 된다는 이야기입니다. 남들이 살기 좋다는 것에는 나와 다른 조건들을 파악해야 한다는 전제 조건이 붙기 때문에 초보 단계에서는 거기까지 가지 않아도 됩니다. 일단 '나'에게만 초점을 맞추면 돼요. 그렇다면 내가 살기 좋은 조건은 어떤 것일까요? 엄청 간단합니다. 집 주변에 뭐가 많으면 좋을까요? 반대로 집 주변에 뭐가 없으면 좋을까요? 먼저, 내 집 근처에 있으면 좋을 것들이 그 동네에 있는지 차를 타고 쭉 돌면서 파악합니다. 사실 걸어 다니면서 분위기를 느끼는 것이 더 좋지만 초보 단계에서 너무 욕심을 부리면 임장 자체가 귀찮고 힘든 일이 될 수 있어서 처음에는 차로 돌아도 된다고 하는 겁니다.

내 집 근처에 있으면 좋은 것들

최우선조건

✅ 교통

서울, 수도권이라면 무조건 이게 1번 조건입니다. '직.주.근.접' 메인 일자리에서 해당 지역이 얼마나 가까운지, 혹은 얼마나 빨리 갈 수 있는지를 확인합니다. 강남, 여의도, 을지로, 판교까지 갈 수 있는 교통망이 어떤 것이 있는지를 먼저 보세요. 특히 지하철이 도보권에 있는지, 그게 몇 호선인지 파악하는 것이 중요합니다. 기존 노선이라면 2, 3, 7, 9호선과 신분당선이 있는지, 이제 곧 생길 신규 노선이라면 GTX, 신안산선, 월판선이 지나가는지가 중요합니다. 지하철까지 가는 지름길(샛길)이 있는 단지들이 있는데, 이런 길들은 지도상에는 보이지 않기 때문에 임장하러 가봐야 알 수 있습니다. 출퇴근 시간대에 바쁜 사람들을 따라 같이 이동해보면 이런 동선을 쉽게 파악할 수 있습니다.

지하철만큼은 아니지만 버스도 굉장히 중요한 이동 수단입니다. 아파트 앞 버스 정류장의 버스들이 어디로 가는지를 잘 파악하세요. 강남, 여의도, 을지로, 판교 등 위에서 언급한 핵심 일자리로 한 번에 가는 버스가 있다면 그 지역도 괜찮은 겁니다. 버스 노선이 많으면 많을수록 좋죠. 단지 앞 버스 정류장에 직접 가서 노선도를 봐도 좋고, 앱으로 확인해도 됩니다. 배차 간격까지 확인하면 금상첨화죠. 일자리까지 바로 가지는 않더라도 지하철로 환승되는 버스가 있는지도 보세요. 시간은 조금 더 걸리겠지만 없는 것보다는 훨씬 좋으니까요.

이런 것들은 미리 손품을 판 후에 임장 때 확인하는 것이 좋습니다. 이전 장에서 설명한 것처럼 네이버지도나 카카오맵에서 아파트 단지명과 일자리를 입력한 후 '대중교통' 아이콘을 클릭하면 환승을 포함해 갈 수 있는 여러 가지 방법이 나오니 임장을 떠나기 전 미리 검색해보세요. 임장에서는 실제로 많은 사람이 이용하는지 확인한다는 느낌으로 보는 게 좋습니다.

그다음 중요 조건들

✔ 병원&약국

우선 아플 때 차를 타고 가지 않아도 되는 거리에 병원이나 약국이 있으면 좋습니다. 특히 애를 키운다면 소아청소년과가 근처에 있는 게 정말 큰 장점입니다. 그곳이 24시간 열린의원이라면 더더욱 좋겠죠.

✔ 중소형 마트

대형마트가 바로 앞에 있다면 물론 좋지만 어차피 대형마트에서는 많은 양의 장을 보기 때문에 손으로 들고 올 일이 별로 없습니다. 저도 도보권에 이마트가 있지만 항상 차를 타고 갑니다. 집에서 최대한 가까운 거리에 바로 장을 볼 수 있는 중소형 마트가 있는 것이 좋습니다. 요즘은 중소형 마트에서도 배달을 잘 해주고 할인도 많이 되기 때문에 굳이 대형마트에 가지 않고, 집 앞의 중소형 마트+쿠팡이나 오아시스마켓, 마켓컬리 등을 이용하는 사람도 많습니다.

✔ 은행

요즘 은행을 직접 가는 경우는 많이 줄었죠? 하지만 은행 역시 집 앞에 있어서 나쁠 건 없습니다. 은행이 없다면 ATM이라도 있으면 편합니다.

✅ 공원&산책로

집 근처에 산책이나 운동을 할 수 있는 곳이 있으면 좋습니다. 요즘은 이 조건이 굉장히 중요해졌습니다. 작은 공원, 등산로, 유수지 등 집 앞에 이런 시설이 있다는 것 자체가 큰 장점입니다. 실제로 한강변에 사는 사람들은 한강뷰도 좋지만, 한강공원에 바로 나가서 운동하거나 산책하는 게 더 좋다고들 하니까요.

✅ 편의시설

쇼핑몰(아웃렛), 영화관, 백화점 등 이런 것들이 집 근처에 있다면 당연히 좋겠죠? 흔히 우리가 얘기하는 '슬세권'이 이런 것입니다. 집 바로 앞에 슬리퍼 신고 갈 수 있는 곳에 스타필드가 있다니 생각만 해도 좋네요.

✅ 스타벅스&다이소

'스세권'이라고도 불리는 스타벅스, 왜 이게 집 앞에 있으면 좋은 걸까요? 사람들은 스타벅스의 안목을 믿습니다. 스타벅스가 선택한 입지면 좋은 곳이라는 생각이죠. 실제로 도심지에 스타벅스가 있는 곳은 주변에서 가장 비싸고 좋은 입지일 확률이 높습니다. 그렇다면 다이소가 있다는 것은 어떤 의미일까요? 다이소는 세대수가 적은 곳에는 들어가지 않습니다. 기본수요가 있어야 들어간다는 뜻입니다. 기본수요가 있다는 것은 부동산에서 매우 중요합니다. 특히 상가를 공부해보면 알겠지만 기본수요가 있는 동네는 권리금과 월세가 높습니다. 월세가 올라가면 건물의 가격이 올라가는 것이고요. 만약 내가 임장한 동네에 스타벅스와 다이소가 둘 다 있다면 그 동네는 좋은 동네일 확률이 높은 겁니다. 최근에는 노브랜드 입점 여부도 많이들 살펴보는 것 같습니다.

내 집 근처에 없으면 좋은 것들

✔ 모텔, 단란주점, 안마방 등

간단합니다. 내 집 바로 앞에 모텔촌이나 유흥가가 있다면 당연히 좋지 않습니다. 아이들을 키우는 환경이라면 더욱 그렇죠. 이런 시설들이 멀리 떨어질수록 좋겠지만 최소한 한 블록은 떨어져야 합니다. 여기에 우리가 님비 현상을 배울 때 예시로 자주 나왔던 쓰레기처리장, 원자력 시설 등도 집에서 멀면 멀수록 좋습니다.

첫 임장은 신도시나 택지지구부터

임장을 처음 할 때는 신도시나 택지지구를 많이 가보는 게 좋다고 생각합니다. 많은 사람이 집 근처부터 임장해볼 것을 권하는데, 개인적으로 집근처는 너무 잘 알기 때문에 재미도 없고 늘 보던 것들이라 뭐가 좋고 뭐가안 좋은 건지 파악하는 게 오히려 어려울 수 있다고 생각합니다. 그래서 저는 첫 임장은 많은 사람이 실거주로 선호하는 신도시나 택지지구를 가보라고 권하는데요. 수도권을 예로 들면 1, 2기 신도시인 분당, 평촌, 일산, 판교, 김포, 파주 등을, 지방이라면 택지지구 개념인 전주 에코시티나 혁신도시, 구미 확장단지, 원주 혁신도시, 기업도시 등 계획적으로 설계된 곳들입니다. 신도시와 새로 생긴 택지지구 등에 가보면 다음과 같은 형태로 되어있습니다.

　아파트가 몰려서 지어져 있고, 상권도 몰아났습니다. 아파트 주변에는 산책할 수 있는 크고 작은 공원들이 있죠. 아파트들 사이사이에 상권이 형성되어 있고, 크고 작은 공원들이 있습니다. 저렇게 형성된 상권에 앞에서 언급한 것들이 있으면 좋은 겁니다. 따라서 처음 어떤 지역을 분위기 임장할 때는 '상권이 어디에 형성되어 있는지'를 먼저 살펴보는 게 좋습니다. 그 상권 안에 위에 언급한 것들이 많으면 많을수록, 그리고 그 상권과의 거리가 가까우면 가까울수록 그 아파트는 입지가 좋은 곳이 되는 것입니다. 초보 단계에서는 이 정도만 봐도 됩니다. 아파트는 당연히 세대수가 많고 브랜드가 있으면 좋습니다. 아파트 안에 들어갔는데 동간 간격이 넓고 쾌적하다, 즉 건폐율이 낮다면 더 좋죠.

파주 운정신도시(출처 호갱노노)

　초보 단계에서는 분리수거장이 잘 되어 있는지, 입구에 차단바는 잘 되어 있는지, 놀이터가 깨끗한지 이런 것들은 굳이 보지 않아도 된다고 생각합니다. 이런 것들은 '숲'이 아니라 '나무'입니다. 아니, '나무에 있는 나이테' 입니다. 나이테를 보면 그 나무나 숲에 대해 더 자세히 알 수 있기는 하지만 굳이 그것까지 처음부터 볼 필요는 없다는 말입니다. 아파트 가격은 분리수거장이나 놀이터가 아니라 그보다 큰 개념들이 결정하니까요. 그것이 위에 언급한 입지 요소고, 더 나아간다면 해당 지역의 사이클이 되는 것입니다. 초보일수록 나무를 보기보다 숲을 보기 위해 노력해야 합니다. 나무만 보다 보면 숲을 보기가 더욱 어려워지기 마련입니다. 그러니 초보 단계에서는 이 정도만 봐도 충분합니다.

　'나라면 이 동네에서 살고 싶나? 만약 점수를 준다면 몇 점 정도?' 이런 질문들을 계속하면서 정리해보세요. 정리해야 하는 이유는 다른 지역과 '비교'해야 하기 때문입니다. 이렇게 기록된 점수는 절대점수가 아니라 상대점수가 되어야 하니 최대한 많은 지역을 보고 내가 생각하는 상대점수 순서대로 순위를 매겨보는 것이 좋습니다. 초보 단계에서는 한 지역을 깊게 여러 번 보는 것보다 여러 지역을 가볍게 훑으면서 보는 눈을 키우는 것이 낫습니다. 많이 다니면 다닐수록 임장 때 봐야 하는 것들이 쉽게 눈에 들어오고, 그게 실력이 되면서 더 정확한 비교평가가 가능해집니다. 이렇게 어느 정도 임장에 익숙해졌다면 그다음에 중급편으로 넘어가세요.

08

임장 가면 뭘 봐야 하나요?
: 중급편

초급편과 중급편의 핵심을 다시 한번 정리하면 다음과 같습니다.

임장 초보: 나라면 여기 살고 싶을까?

임장 중수: 남들도 여기 살고 싶을까?

초급편의 핵심은 '나라면 여기 살고 싶을까?'에 대한 답을 본인이 돌아다니면서 찾는 것이었습니다. 조건으로 언급했던 교통, 병원, 약국, 마트, 공원, 은행, 스타벅스, 다이소 등은 특정 연령이나 성별이 선호하는 것이 아니라 '누구에게나' 공통으로 중요한 요소입니다. 없는 것보다는 무조건 있는 것이 좋습니다. 그래서 처음 임장을 간다면 내가 보는 단지가 얼마나 저 편의들을 누릴 수 있는지에 초점을 맞춰서 보면 될 것 같다고 말한 겁니다.

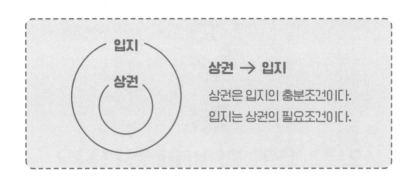

입지
상권

상권 → 입지
상권은 입지의 충분조건이다.
입지는 상권의 필요조건이다.

제가 초급편에 언급했던 것을 전부 '상권'이라고 본다면 상권은 입지 조건 중 하나일 뿐입니다. 조금 유식한 말로 하면 입지는 상권의 필요조건일 뿐이죠. 하지만 '상권=입지'는 아닙니다. 입지는 상권보다 더 큰 개념이기 때문에 상권은 입지의 충분조건이 되는 것이고, 입지는 상권과 다른 요소의 합으로 구성됩니다. 중급편에서 설명할 핵심 내용은 '남들도 여기 살고 싶을까?'입니다. 여기서 저는 남들을 조금 세분화하고자 합니다. 중급편에서 주로 말하는 남들은 '엄마들'이라고 생각하면 쉽습니다.

조금 더 '남'의 개념을 확장해 내가 아닌 다른 사람으로 시야를 넓히는 것이 좋습니다. 예를 들어, 개인적으로 내가 아무리 '숲뷰'가 좋다고 하더라도 다른 많은 사람이 '한강뷰'를 좋아한다면 그 아파트가 더 좋은 겁니다. 내가 술을 좋아해서 집 앞에 유흥가가 있으면 좋을 수 있지만, 다른 많은 사람이 늦게까지 영업하는 술집이 몰려있는 것을 싫어한다면 그 지역은 살기 좋지 않은 환경일 수 있다는 겁니다. 이런 것들을 기본적으로 이해하는 게 필요합니다. 만약 이게 잘 이해되지 않는다면 우선은 '엄마의 마음'에 초점을 맞춰보세요. 많은 입지 요소 중 '애 키우기 좋은 환경'에 집중하는 거죠. 내가 애가 없더라도, 내가 학군에 관심이 없더라도, 내 애를 공부시키고 싶지 않더라도 다른 엄마들이 애 키우기 좋은 환경인지 아닌지를 보세요. 이 환경에는 초급편에 언급했던 상권, 편의시설 말고도 학교와 학원가, 그리고 분위기까지 포함됩니다. 천천히 하나하나 풀어보겠습니다.

일단 첫 번째 우리가 흔히 알고 있는 '학군'의 개념을 저는 2가지 정도로 파악합니다.
1. 학원가가 형성되어 있는가?
2. 학업성취도가 높은 선호 중학교가 있는가?

그럼, 여기서 궁금증이 생길 겁니다. "선호 중학교? 초품아가 최고 아닌가요?" 네, 맞습니다. 하지만 초품아는 '학군'의 개념이 아니라 '편의'의 개념입니다. 내 아이가 큰길을 건너지 않고 학교에 가는 것은, 공부를 잘하는 지역에서 살고 싶은 학군지의 개념이 아니라 조금 더 안전하게 키우고 싶은 편의의 개념입니다. 초품아가 아주 중요한 조건이고, 저 또한 초품아 아파트를 무조건 1순위로 고려하지만 초품아는 학군보다는 편의 개념에 가깝습니다. 초등학교뿐만 아니라 유치원이나 어린이집의 요건도 중요합니다. '국공립 어린이집이 단지 내에 있는가? 유치원 버스는 다니는가? 주변에 방과 후 보낼 만한 학원이 있는가?' 이런 것들은 모두 학군이 아니라 편의 개념에서 중요한 요소가 됩니다. 그럼 위에서 언급한 학군은 어떻게 파악할까요?

✅ 학원가

우선 그 동네에 학원가가 형성되어 있는지를 확인해야 합니다. 학원가가 잘 되어 있는 동네는 전세가율이 높을 확률이 높습니다. 전세가율이 높다는 건 실거주 수요가 많다는 뜻이고, 가격의 하방경직성도 강하고, 꾸준히 수요가 있으니 가격도 꾸준히 잘 올라간다는 특징이 있습니다. 학원가 형성은 호갱노노의 '학원가' 탭에서 확인할 수 있습니다. 집 근처에 학원가가 형성되어 있다면 학원 버스를 타지 않아도 되니 시간이 절약되고, 학원가를 중심으로 상권이 잘 형성되어 있을 확률도 높으니 거주 만족도가 높은 편입니다. 여기에 한 가지를 더 추가하면 '선호 중학교'입니다.

✅ 선호 중학교(학업성취도가 높은 중학교)

저는 학군의 개념을 이렇게 생각합니다. '엄마들이 자식을 좋은 대학에 보내고 싶어 하는 마음' 요즘은 초등학교 때부터 경쟁도 치열하고 사교육도 많이 시키지만 본격적인 싸움은 중학교 때부터 시작됩니다. 초등학교 때 선행학습을 시키는 이유는 결국 좋은 중학교에 들어가기 위해, 그리고 중학교에 들어간 후의 경쟁력을 높이기 위해서죠. 우리는 공부 잘하는 중학교가 어디 있는지를 찾으면 됩니다. 그 공부 잘하는 중학교 옆에 학원가까지 있다면 그 주변 아파트값은 비쌀 확률이 높은 것이죠.

앞에서 설명한 것처럼 아실의 '학군' 탭에 들어가면 중학교 학업성취도를 볼 수 있습니다. 물론 과거 자료이긴 하지만 원래 공부를 잘했던 중학교가 갑자기 공부를 못하게 될 확률은 낮습니다. 중학교는 대부분 근거리 우선 배정 원칙이기 때문에, 공부 잘하는 중학교에 보내기 위해 그 주변으로 이사하는 경우가 많습니다. 대구 수성구의 집값이 비싼 이유, 그리고 수성구 내에서도 범어동, 만촌동, 황금동에서 앞으로도 계속 대장아파트가 나온다고 생각하는 이유는 정화중, 동도중, 경신중에 보낼 수 있기 때문입니다. 대구뿐만 아니라 전국이 마찬가지입니다. 그러니 조금이라도 좋은 중학교에 보내고 싶은 '엄마의 마음'을 이해해야 합니다. 학업성취도가 90%가 넘는다면 좋은 중학교일 확률이 높습니다. 지역마다 다르지만 85%만 넘어도 괜찮습니다. 임장 초보 단계가 익숙해졌다면 그다음부터는 사전 손품 과정으로 항상 학원가+선호 중학교의 위치를 파악하고 임장을 가는 게 좋습니다. 아니, 무조건 그렇게 해야 합니다.

정리를 다시 해보면 초품아&국공립 어린이집 등의 '편의', 학원가와 선호 중학교라는 '학군', 좋은 '상권'까지 가지고 있는 지역이 입지가 좋고 많은 사람이 선호하는 지역일 확률이 높습니다. 이 요소들을 갖췄다면 이제는 부가적인 요소들을 보면 됩니다. 예를 들면 '지역이 평지인가? 언덕이 있는가? 애가 뛰어놀 수 있는 작은 공원이나 체육시설이 있는가? 학교 주변에 단속카메라나 CCTV는 잘 되어 있는가? 복합쇼핑몰, 백화점, 아웃렛, 예쁜 카페 등 엄마들이 애들을 학교에 보낸 후 갈 만한 곳이 있는가? 방지턱, 도로포장 상태 등 유모차를 끌고 다닐 길은 잘 되어 있는가? 단지 내 차는 다니는가? 놀이터 상태는?' 이런 것들을 임장 때 확인합니다.

뭔가 복잡해 보이지만 생각해보면 간단합니다. '엄마의 눈'으로 보면 됩니다. 이게 중급편의 핵심입니다. 중급편에서도 중요한 것은 역시나 '비교 평가'입니다. 최대한 많은 곳을 다녀보고 다른 곳과 비교해서 순위를 매기는 습관을 들인다면 임장 실력과 함께 부동산을 보는 눈도 확 트일 것입니다. 강조하지만 결국 답은 현장에 있습니다. 현장을 모르고 데이터를 보는 것은 의미가 없습니다. 그래서 더욱더 현장을 잘 알아야 하고 임장을 꼼꼼히 해야 하는 겁니다. 초급편과 중급편에서 전한 내용만 꼼꼼히 본다면 임장의 중수 정도는 된 것입니다. 이제는 임장의 고수가 되기 위해 '숲'이 아닌 '나무'를 보러 가보겠습니다.

09

임장 가면 뭘 봐야 하나요?
: 고급편

초급과 중급 과정의 임장에 익숙해졌다면, 고급편에서는 조금 더 세세한 부분을 봤으면 좋겠습니다. 초보와 중수 때는 나무를 보지 말고 숲을 보라고 말했는데, 고수 정도가 되면 숲속으로 들어와서 나무를 보고, 나무에 있는 이파리와 나이테까지 보는 것이 좋습니다. 그러기 위해서는 그 지역 전문가를 찾아가야 하는데, 보통은 그 지역을 제일 잘 아는 부동산 공인중개사사무소를 통해 많은 정보를 얻을 수 있습니다. 물론 초급과 중급 과정에서 들어가도 되지만 임장에 익숙하지 않은 사람이 부동산 소장님의 말에 흔들려 숲이 아닌 나무를 먼저 보는 게 효율적이지 않다고 생각하기 때문입니다. 사실 제일 좋은 건 그 지역에서 살아보는 거죠. 그 지역에 산다는 것은 그 지역에는 어떤 사람들이 사는지, 생활 수준이 어떤지, 어디를 갈 때 대중교통을 뭘 타면 되는지, 마트 · 병원 · 공원 등은 어디 있는지, 지름

길은 어딘지 등을 훤히 안다는 것이니까요. 하지만 모든 지역에서 살아볼 수 없으니 누구보다 그 지역을 잘 아는 전문가를 통해 최대한 많은 정보를 짧은 시간에 얻어가는 것에 초점을 맞춥니다. 예를 들면 다음 정보들을 집중해서 물어봅니다.

✅ 소득 수준

그 지역의 소득 수준은 굉장히 중요합니다. 지방에서 가장 좋은 동네를 찾는 가장 쉬운 방법은 "여기 돈 많은 사람들은 어디 살아요?"라고 물어보는 것일 정도로요.

"여기 어떤 분들이 많이 살아요? 전문직? 대기업?"
"여기 사는 분들은 어디로 출퇴근을 많이 하세요?"
"출퇴근은 보통 자차로 하나요? 아니면 대중교통으로 하나요?"
"출퇴근 시간은 얼마나 걸리나요?"

제 경우 정말 관심이 가는 단지라면 그 아파트에 사는 사람들이 어떤 차를 많이 타는지 보기 위해 지하주차장에 가봅니다. 속물처럼 보일지 모르겠지만 외제차가 많이 있는 단지일수록 소득 수준이 높은 사람들이 사는 비싼 아파트일 확률이 높고, 단지 관리가 잘 되어 있을 확률이 높으며, 그들만의 카르텔이 형성되어 있을 확률이 높습니다. 그렇게 차를 보고 나서는 단지 내부나 입구 쪽에서 사람들을 유심히 관찰합니다. '어떤 옷을 입고 있는지, 가족 단위가 어떻게 되는지, 표정은 어떤지' 등 최대한 그들의 분위기를 살피려고 노력합니다. 결국 부동산도 그곳에 사는 사람들이 제일 중요하다고 생각하기 때문에 그렇습니다.

✔ 단지와 아파트 내부의 세부 사항

"지하주차장에서 엘리베이터가 바로 연결되어 있나요?"

"여기는 로열 동이 어디예요? 왜 그런 거죠?"

"로열 동이랑 비선호 동의 가격 차이가 평균적으로 얼마나 나나요?"

"선호하는 타입은 어떤 타입이에요?"

"분리수거 날짜는 언제인가요?"

"커뮤니티 관리는 잘 되나요? 많이들 이용해요?"

"내부 자재는 괜찮은 걸 썼나요?"

"혹시 층간소음 클레임이 많은가요?"

"전세수요는 꾸준한가요? 몇 평이 제일 잘나가요?"

이런 식으로 그 동네나 그 아파트에 직접 살아야만 알 수 있는 정보들을 확인하는 것이 임장 고수들이 임장하는 방법입니다. 여기서 더 나아가 '초고수'의 단계에 들어서면 이런 것까지 확인하면 좋습니다.

초보, 중수 임장러: '현재'에 집중

고수, 초고수 임장러: '미래'를 예측

미래를 예측한다는 말이 무슨 말일까요? 쉽게 설명해보겠습니다. 다음 페이지의 사진들은 서울의 뉴타운 중 하나인 장위뉴타운입니다. 먼저 위쪽을 보세요. 왼쪽하고 오른쪽이 같은 곳이라는 생각이 드나요? 15년 8월과 20년 3월의 모습을 비교한 것입니다. 카카오맵을 이용하면 이렇게 과거와 현재의 모습을 동시에 볼 수 있습니다.

장위 뉴타운(출처 카카오맵)

아래쪽 사진은 17년 8월과 20년 3월을 비교한 것입니다. 제가 이 사진들을 보여주는 이유가 뭘까요? 아파트는 생애주기가 있습니다. '토지 or 건물(단독주택 등) → 입주권&분양권 → 아파트 → 토지' 이런 사이클로 돌아가죠. 빈 땅에 아파트를 짓는다면 바로 아파트가 올라가는 모습을 볼 수 있고, 건물을 허물고(재개발, 재건축) 짓는다면 예전 건물 → 빈 땅 → 아파트가 되는 과정을 볼 수 있습니다. 새 아파트가 된다는 것은 아파트만 새것이 되는 게 아닙니다. 주변 도로가 정비되고, 주변에 상가가 들어오면서 상권이 형성되고, 그러면서 동네의 가치가 올라가는 것이죠.

임장할 때 미래가치를 봐야 하는 이유는 너무나 당연하게도 매도 시점이 미래이기 때문입니다. 미래에 가격이 오를 아파트를 사야 하는 것이 중요하니 미래를 예측할 수 있어야 합니다. 미래가치를 보는 눈을 키우기 위한 첫 번째 조건은 많은 임장을 다니는 것입니다. 우선 초급, 중급편에서 말한 내용을 중심으로 최대한 많은 지역을 다녀보세요. 임장 때마다 그 지역의 '과거'와 '미래'를 상상하는 습관을 기르는 것이 좋습니다. 만약 새 아파트가 보인다면 '새 아파트가 들어오기 전에는 어떤 모습이었을까?'를 먼저 상상해보고, 과거 사진을 찾아보는 겁니다. 만약 아파트를 짓고 있는 건설 현장이 있다면 주변 상가나 도로 등의 상태를 유심히 보세요. 그리고 완성되었을 때 다시 와보는 겁니다. 어떻게 바뀌었는지를 직접 눈으로 확인하는 것이죠. 만약 구축 아파트가 있거나 빌라&단독주택촌이라면 '나중에 다 밀고 새 아파트가 들어왔을 때 어떤 모습일까?'를 다른 지역의 새 아파트를 오버랩해서 상상해보세요.

임장 고수와 초고수의 차이는 '해당 지역을 임장했을 때 그 지역의 미래를 볼 수 있는 눈이 있느냐, 없느냐?'로 결정됩니다. 임장할 때마다 항상 그 지역의 미래를 상상하지만 저 역시 어렵기만 합니다. 이런 식으로 어느 정도 임장에 익숙해졌다면 신도시, 재개발 예정지, 재건축 단지, 리모델링 단지 등 하루하루 장소를 달리해서 다녀보세요. 조금씩 시야가 넓어지지 않을까 생각합니다.

임장은 부동산 공부의 기본이 되는 활동이자 가장 중요한 활동입니다. 현장을 모르고 데이터만 보는 것은, 기초 공사가 튼튼하지 못한 모래성 위에 계속해서 모래를 쌓는 것과 비슷합니다. 한 번의 큰 실수로 이제껏 쌓아올린 모든 것이 무너질 수도 있죠. 그러니 임장을 통해 현장을 공부하는 것을 절대 게을리하면 안 됩니다.

앞으로 오를 지역의
길목을 선점하는 방법

예전에는 농구 중계를 참 자주 봤는데, 어느 순간부터 잘 보지 않게 되었습니다. 농구 수비 전략을 크게 2가지로 나누면 맨투맨과 지역 방어로 나눌 수 있습니다. 쉽게 설명하면 맨투맨은 1명의 선수가 1명의 선수를 계속 따라다니는 거예요. 밀착마크 하는 거죠. 반대로 지역 방어는 보통 2-3 지역 방어를 쓰는데, 5명이 자기 자리를 지키며 공이 가는 길목을 막는 수비입니다. 2명은 3점슛 라인에서 자기 라인을 지키고, 3명은 골 밑 쪽에서 자기 라인을 지키는 수비죠. 그냥 맨투맨은 사람을 쫓아다니는 수비고, 지역 방어는 길목을 지키는 수비라고 생각하면 됩니다. 개인적으로 투자의 방향성은 맨투맨보다는 지역 방어에 가까워야 한다고 생각합니다. 사람들이 우르르 몰려가는 곳에 투자하는 것보다는 사람들이 오기 전에 먼저 길목에서 기다리는 투자를 해야 한다는 이야기입니다.

예를 들어보겠습니다. 김포 운양동에 있는 한강신도시롯데캐슬을 볼까요? 투자자들이 몰려가면서 김포가 급등한 건 2020년 4~6월 정도였습니다. 그전까지는 잠잠하다가 "김포버스 출발합니다!" 하니까 우르르 몰려가서 추격매수를 해버립니다. 물론 초기에 추격매수했던 사람들은 꽤 괜찮은 수익률을 볼 수 있었겠지만, 모든 지역에서 이런 방식으로 성공을 거둘 확률은 낮습니다. 우르르 몰려가기 전에 그 길목을 먼저 지키고 있었다면, 만약 19년도에 김포가 오를 것을 예측하고 미리 사두었다면 2년이 지난 현재 시점에서 2억 이상의 차익을 보고 매도까지 할 수 있었겠죠. 실제로 많은 고수가 이런 전략을 사용하고 있습니다. "김포가 19년에 오를지 어떻게 아느냐?"라고 질문할 수 있는데 '비교평가'를 통하면 가능합니다. 이 부분은 뒤에서 자세히 배울 테니 지금은 맛보기 정도로 생각하고 봐두세요.

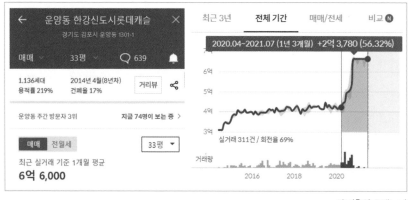

김포(출처 호갱노노)

보수적으로 잡아도 김포를 미리 선점할 수 있었던 시간은 19년 8월~20년 3월까지 무려 8개월이나 있었습니다. 이 그래프의 비교대상이 된 아파트들은 본래 가지고 있던 가치(가격)가 비슷했었는데, 어떤 이유로 가격이 벌어진 겁니다. 많은 사람이 '김포는 호재가 있으니 올라간 것이 아니냐?'라고 할 수 있지만, 사실 김포에 대한 호재는 이전에도 똑같았습니다. 김포에 대한 입지 가치가 바뀌어서 가격이 올랐다기보다는 규제지역 지정으로 인한 반사이익을 보면서 본래의 가치를 찾아 가격이 올라간 것이죠. 만약 길목을 지키고 있었다면 꽤 좋은 수익률을 거둘 수 있었을 겁니다. 김포를 예로 들었지만, 최근 많이 상승한 파주, 의정부, 인천, 평택 모두 마찬가지입니다. 이전부터 똑같이 GTX 호재가 있었습니다. 확정된 호재였고요. 그런데 실제로 가격이 반영될 때까지 꽤 많은 시간이 필요했고, 역시나 이 지역들도 길목을 지키고 있었던 사람들이 가장 큰 수익률을 거둘 수 있었습니다. 굳이 비교평가하기가 어렵다면 가격의 흐름이 어디로 가는지 파악하는 것만으로도 길목을 선점할 수 있습니다.

청담 → 잠실 → 강동 → 하남 순서로 오르는 것처럼,

과천 → 평촌 → 산본 순서로 오르는 것처럼,

분당 → 수지 → 수원 순서로 오르는 것처럼

지방도 똑같이 급지에 따라 가격이 파도를 치며 올라갑니다.

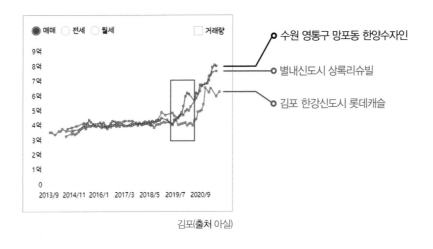

김포(출처 아실)

다음은 부산을 보죠.

위에서부터 차례대로 보면 부산 수영구 광안동에 있는 광안쌍용예가디오션은 19년 10월부터 → 동래구 명륜동에 있는 명륜자이는 20년 6월부터 → 금정구 구서동에 있는 롯데캐슬골드1단지는 20년 9월부터 본격적으로 상승했습니다. 이렇게 지방도 급지에 따라 파도를 타며 올라갑니다. 19년 10월에 1급지가 올라가는 걸 봤다면, 이때부터 관심을 가지고 향후 흐름이 올 2~3급지 길목에 미리 서 있어야 했던 겁니다. 부산도 19년 10월~20년 5월 정도까지 거의 8개월 정도의 선점 가능 기간이 있었습니다.

이 방법은 사실 투자자보다 실수요자에게 더 필요한 전략입니다. 저는 이렇게 길목을 선점하는 전략이 다주택자보다 무주택자나 1주택 실수요자들에게 훨씬 중요하다고 생각합니다. 이 원리를 알고 있어야 내가 관심 있는 지역에 흐름이 오기 전에 주택을 매수하거나 상급지로 갈아탈 타이밍을 계산할 수 있는 겁니다. 앞에서 배운 임장을 통해 지역의 급지를 파악하고, 어떻게 흐름이 갈지 예측하는 능력이야말로 부동산 투자의 기본이라고 할 수 있습니다. 특히 무주택자가 이런 원리를 모르는 게 너무 안타까워서 이 방법을 꼭 널리 알리고 싶었습니다.

부산(출처 호갱노노)

마지막으로 다른 지역의 예를 하나만 더 들어보겠습니다. 전주입니다.

위에서부터 차례대로 보면 전주의 1급지인 에코시티의 에코시티데시앙은 19년 10월부터 움직이기 시작합니다. 지리적으로 바로 밑에 있는 송천동의 진흥더블파크는 20년 3월부터 움직였고, 좀 더 밑으로 내려와서 중화산동은 20년 11월부터 움직이기 시작합니다. 만약 19년 10월 대장아파트가 움직이는 것을 놓쳤다면 2급지나 3급지 쪽으로 미리 가서 저 42%의 상승분과 21%의 상승분을 먹었어야 한다는 이야기입니다. 이게 바로 길목을 지키는 투자고, 평생 써먹을 수 있는 투자 기법입니다.

'흐름이 어디로 흘러갈지 어떻게 예측하느냐?' 지역별 급지 선정은 어떻게 하냐고요? 이 방법에 대해서는 뒤에 나올 5~6차 필터링을 통해 설명할 예정입니다. 하지만 이 역시 급지를 판단하는 일부분일 뿐이고, 가장 중요한 것은 본인이 임장을 통해 지역의 가치와 분위기를 직접 몸으로 체득해야 한다는 점입니다. 손품만으로 하는 투자는 반쪽짜리입니다. 아니 1/3 정도밖에 되지 않습니다. 아무리 정보가 많아지고, 사이트의 기능이 좋아져도 결국 현장에서 답이 나옵니다. 현장의 분위기를 알고, 동네의 특성을 파악해 지역의 가치를 판단하는 것은 결국 임장을 통해서만 가능합니다.

거듭 강조하지만 많은 임장을 다녀야 합니다. 지금 당장 지방 임장이 어려운 사람이라면 서울/수도권부터 시작해도 됩니다. 어차피 서울/수도권이나 지방이나 임장 때 보는 것들은 비슷합니다. 많은 경험을 통해 보는 눈을 키우면 '흐름이 어디로 흘러가겠구나'라는 느낌을 받는 순간이 올 겁니다. 이런 경험들이 쌓이면 지방 임장 때도 어디로 흐름이 갈지 예측하면서 그 지역을 효과적으로 볼 수 있습니다.

전주(출처 호갱노노)

부린이가
지방 갭투자로
1년 만에 1억 수익 올린
공부법

2
CHAPTER

투자에서 제일 중요한 것은 '잃지 않는 것'이다. 하지만 말이 쉽지. 잃지 않는다고 확신할 수 있는 사람이 있을까? 여기 진짜 방법이 있다. 이번 장은 필자가 주장하는 '잃지 않는 부동산 투자법'에 관한 내용이다. 부동산으로 많은 수익을 올린 고수들과 전문가들이 책이나 방송에서 이야기한 것. 그리고 필자가 공부한 것을 시크릿브라더 방식으로 정리했다. 이번 장에서 공부할 1~7차 필터링을 거쳐 지역과 아파트를 선정한다면, 얼마를 벌지는 모르지만 결코 잃지 않는 투자는 할 수 있다고 확신한다. 적어도 향후 2~3년간은 말이다. 필자가 평생 투자를 할 수 있다고 믿는 이유이며, 이 방법으로 부자가 될 수 있다고 생각하는 근거이기도 하다.

01
갭투자,
이 정도는 알고 합시다!

갭투자란 매매가격과 전세가격 차이만큼의 금액으로 투자하는 방법입니다. 예를 들어, 매매가가 3억이고 전세가가 2억 5천인 집이 있다면 내 돈 5천만 원만 있으면 투자가 가능하죠(세금&기타비용 제외). 이론상으로는 이렇게 간단합니다. 당신이 부린이라면 이게 어떻게 가능한지 이해 자체가 안될 수도 있습니다. 저 또한 그랬거든요.

매매가 3억, 전세가 2억 5천이라면
계약금 3천+중도금 0원(협의 가능)
잔금: 내 돈 2천+전세금 2억 5천

이렇게 해서 총 3억이 맞춰지므로 투자가 가능해지는 겁니다. 참고로 매수세가 뜨거운 지역이라면 계약 파기를 방지하기 위해 중도금을 넣는 게 좋습니다. 매매계약 잔금 날짜와 전세계약 잔금 날짜를 같은 날로 하면 되니, 굳이 각각의 통장에서 왔다 갔다 할 필요가 없습니다. 계약날에 3천 주고, 잔금날에 2천 주면 내 돈은 끝이고, 세입자가 매도자에게 2억 5천만 원을 송금해주면 끝입니다. 그럼 결과적으로 매도자는 3억이 통장에 들어오는 거고, 매수자는 5천만 원만 통장에서 나가는 거고, 세입자는 2억 5천이 통장에서 나가는 거죠. 대출이 없다면 이게 갭투자의 기본적인 원리입니다.

중요한 것은 여기부터입니다. 최근 갭투자가 다시 유행하면서 정말 많은 사람이 갭투자를 하고 있지만 이런 기본적인 내용을 모르는 경우를 너무 많이 봤습니다. 단순히 갭(투자금)이 적다는 이유로 투자하는 것이 아니라, 다음 내용을 충분히 이해하고 공부한 후에 했으면 좋겠습니다.

기본적으로 전세가격이 오르는 곳에 투자하라

갭투자는 전세가격이 오르는 지역에 해야 합니다. 이걸 무시하고 그냥 단순히 매매가격과 전세가격 차이가 작다고 투자하는 것은 굉장히 위험합니다. 기본적으로 전세가는 계속 오릅니다. 이건 인플레이션과 관계가 있는데, 자장면값이 계속 오르는 걸 생각하면 됩니다. 화폐가치가 하락하기 때문에 자장면값도 오르고, 채소값도 오르고, 전세가도 오르는 겁니다. 집주인 입장에서는 기왕이면 인플레이션보다 많이 오르면 좋겠죠. 그래서 전세수요가 꾸준하고, 전세가가 많이 오를 수 있는 지역을 선택해야 합니다. 이것이 갭투자의 기본이면서 가장 중요한 개념입니다. 절대 아무거나 사면 안 됩니다. 오르는 정도는 지역마다 달라도 화폐가치의 하락으로 전세가격은 자연히 시간이 지나면 오릅니다.

그런데 전세가가 몇천만 원씩 빠지는 지역과 아파트가 있는 이유가 뭘까요? 답은 수요와 공급 논리에 있습니다. 공급이 많으면 전세가는 내려갑니다. 모든 재화는 수요와 공급, 그리고 인플레이션에 의해서 가격이 형성됩니다. 공급보다 수요가 많으면 가격은 상승하지만, 수요보다 공급이 많으면 가격이 하락할 수 있습니다. 그래서 갭투자는 향후 공급물량이 많은 곳에 하면 위험합니다. 역전세, 즉 계약할 때보다 전세가가 하락하여 2년 뒤 돈을 돌려줘야 하는 상황이 발생할 수 있으니까요.

단, '이런 곳이니 무조건 투자해서는 안 된다?' 이건 아닙니다. 그 지역의 매매가가 오를 것이라고 확신한다면 돌려줘야 할 전세금 정도는 추가 투자금으로 생각하고 미리 준비하면 됩니다. 역전세가 위험한 것은 내려간 전세금을 돌려주지 못하는 상황이 발생했을 때지, 매매가 자체가 내려가서 내 자산의 가격이 하락했다는 것을 의미하는 것은 아니기 때문입니다. 공급이 일시적으로 많아져서 전세가격이 내려간 지역이더라도, 그 기간만 잘 버티면 전세가와 매매가가 올라갈 지역이라는 확신이 있다면 그 지역도 괜찮습니다.

이것이 많은 전문가가 말하는 갭투자에서의 리스크 관리입니다. 영끌 해서 갭투자하지 말라고 하는 것도 이런 이유에서입니다. 혹시나 예상치 못하게 전세금을 돌려줘야 하는 상황이 발생했을 때, 마이너스통장이나 신용대출에 여유가 있다면 급한 불을 끌 수 있을 테니까요. 이 부분이 어렵다면 공급이 적은 곳, 그러니까 전세매물이나 향후 입주물량이 별로 없는 곳에 투자하는 것이 좋으니 기억해두세요.

평균 전세가율 대비 현재 전세가율을 체크하라

여기에 추가로 알아둬야 하는 개념이 '전세가율'입니다. 전세가율이란 매매가격 대비 전세가격의 비율입니다. 만약 매매가 3억에 전세가 2.5억이면 전세가율은 83.3%가 되는 것이죠. 기본적으로 전세가가 높으면 그 아파트는 수요가 많은 걸로 볼 수 있습니다. 그런데 전세가율이 너무 높으면 오히려 좋지 않습니다. 매매가와 전세가가 얼마 차이 나지 않는데도 불구하고 전세를 선택한다는 이야기는 매매할 만한 메리트가 떨어진다는 방증이기 때문입니다. 갭투자에는 평균 전세가율 대비 현재 전세가율이 높은 집을 선택하는 것이 좋습니다. 예를 들어, 평균 전세가율이 67%인데 현재 87%까지 전세가율이 올라온 단지가 갭투자에 좋은 단지입니다.

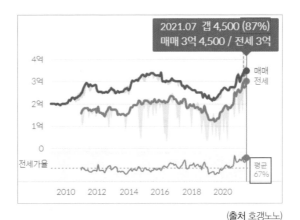

(출처 호갱노노)

이런 경우 상승장에서는 전세가보다 매매가가 많이 올라가기 때문에, 다시 전세가율이 낮아질 확률이 높습니다. 다시 말하면 매매가가 더 올라갈 확률이 높다는 이야기입니다.

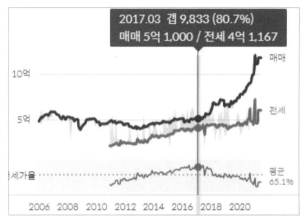

2017.03 갭 9,833 (80.7%)
매매 5억 1,000 / 전세 4억 1,167

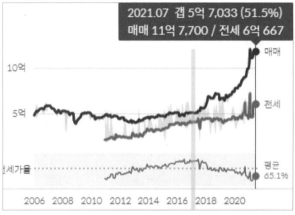

2021.07 갭 5억 7,033 (51.5%)
매매 11억 7,700 / 전세 6억 667

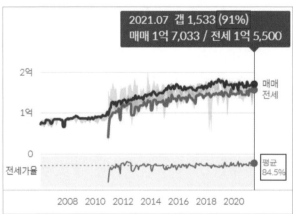

2021.07 갭 1,533 (91%)
매매 1억 7,033 / 전세 1억 5,500

위 2개의 사진은 같은 아파트 단지입니다. 상승장에서는 매매가와 전세가가 이런 식으로 벌어집니다. 매전 갭이 붙어 있을 때는 전세가율이 80%까지 올라갔다가, 상승장이 되니 전세가율이 51%까지 낮아집니다. 평균 전세가율은 65%인 게 보이죠? 기본적으로 이런 집들을 찾아야 하는 거고, 17년처럼 갭이 붙어 있을 때 사야 한다는 말입니다.

하지만 맨 아래 그림처럼 평균 전세가율이 85~90%에 육박하는 단지들은 향후 오를 수도 있겠지만, 매매가가 많이 오를 확률은 상대적으로 떨어진다고 볼 수 있습니다. 중요한 것은 '무조건 갭(투자금)이 적다는 이유로 단지를 고를 것이 아니라, 향후 입주물량이 없고 기본적으로 전세수요가 탄탄한 지역에 평균 전세가율보다 현재 전세가율이 높은 단지(평균이 너무 높으면 저가치일 확률 높음)를 선택하는 게 좋다!' 이렇게 정리하면 될 것 같습니다. 다음은 상황별로 거래가 어떻게 이뤄지는지 보겠습니다.

✅ 상황별 장단점&유의사항

1. 빈집

장점	• 갭투자를 하는 사람이 가장 선호 • 인테리어(수리) 용이 • 잔금 날짜 조정이 상대적으로 용이 • 세입자 맞추기 쉬움
단점	가격이 비쌈
유의사항	오랫동안 비어 있던 집인 경우 보일러 상태 등 집의 이상 유무를 꼼꼼하게 확인해야 함

2. 매도자가 실거주하고 있는 집

장점	• 집을 잘 보여줌 • 잔금 날짜 조정 가능 매도자의 이사 날짜가 정해지지 않은 경우 전세를 구하는 날짜와 맞춰서 수월하게 진행될 확률이 높지만, 매도자의 이사 날짜가 이미 정해져 있다면 촉박할 수 있음
단점	• 인테리어(수리) 날짜 조율이 어려움 • 가격이 비쌈
유의사항	매도자 이사 날짜와 세입자 이사 날짜 맞추기

3. 세입자가 살고 있는 집

장점	가격이 저렴
단점	• 투자금이 많이 들어갈 확률이 높음 보통 낮은 전세가에 들어가 있고, 만약 계약갱신 청구권까지 쓴다면 장기간 큰돈이 묶임 • 집을 잘 안 보여줄 위험성이 있음 새로운 세입자를 구하는 데 시간이 더 오래 걸림 • 인테리어(수리)가 어려울 수 있음 세입자가 나가야 수리가 가능한데, 세입자 대부분은 전세금을 받아서 다른 곳으로 이사를 가야 함. 그런데 투자자가 전세금을 돌려주려면 새로운 세입자의 전세금을 받아서 줘야 하니 날짜가 꼬일 확률이 높음
유의사항	• 계약갱신 청구권이 사용 가능한 상황인지, 세입자가 나가는 상황인지 확실하게 파악해야 함 • 만약 전세가격이 내려간 상황이라면, 계약 때 들었던 투자금 외 추가 투자금이 들어갈 수 있음

02

1차 필터링:
인구수/세대수

1차 필터링은 아주 간단합니다. 투자하고 싶은 지역의 인구가 몇 명인지를 파악하면 되는데, 부린이라면 20만 이상인 도시를 먼저 보세요. 20만 이상의 도시는 어느 정도 기본수요가 있어서 소도시보다는 사이클대로 움직이는 경향이 강합니다. 투자수요가 일시에 몰린다고 해도 상대적으로 덜 흔들린다는 뜻입니다. 하지만 20만 이하 도시는 투자수요가 일시에 몰리면 한 번에 확 올랐다가 실수요가 받쳐주지 못하면 더 오르지 못하거나 그대로 주저앉는 경우도 많습니다. 가능한 한 20만 이상 도시에서 먼저 시작하고, 경험과 내공이 쌓이면 조금씩 소도시에도 투자해볼 것을 권합니다.

물론 20만 이상 도시의 1급지는 대부분 많이 올랐기 때문에(21년 7월 기준), 지금 바로 투자를 원하는 사람이라면 해당 도시에서 아직 온기가 퍼지지 않은 2급지 이하 물건을 선택하거나, 수요가 증가하는 소도시를 선택하는 것이 좋습니다. 부린이라면 기본수요가 있는 도시에서 아직 갭을 메우지 못한 하위 급지의 물건을 선택할 것을, 내공이 쌓인 사람이라면 인구수에 구애받지 말고 저평가된 물건을 찾아볼 것을 권합니다.

부동산지인을 보면 인구수와 세대수 증감이 잘 나와 있는데, 인구수 증감보다는 세대수 증감이 중요하다고 생각합니다. 지방 투자를 반대하는 많은 전문가의 근거가 바로 이 인구수입니다. 지방은 일자리와 인프라가 부족하니 서울/수도권으로 계속해서 인구가 이동할 것이고, 결국 지방 도시의 인구는 지속적으로 줄어드니 수요가 부족해져 부동산 가격이 오르지 못할 것이라고 합니다. 동의합니다.

하지만 제가 중요하게 여기는 부분은 인구수가 아니라 세대수입니다. 우리가 알고 있는 집(부동산)은 세대 단위로 구성되니까요. 인구수는 세종이나 청주 등 일부 도시들을 제외하고는 거의 감소하는 추세지만, 세대수는 아직 대부분 증가하고 있습니다. 어차피 집은 세대 단위로 구성되니 인구수보다 세대수에 주목해야 하는 겁니다. 세대수가 늘어나는 동안까지는 부동산 가격도 인플레이션 이상으로 성장할 수 있다고 믿습니다.

물론 세대수마저 줄어드는 시점이 오면 정말 그 지역의 부동산이 더 이상 오르지 않을 수도 있겠죠. 그러나 세대수가 늘고 있다는 것은 아직은 부동산 수요도 조금씩 증가하고 있다는 의미입니다. 따라서 단순히 인구수 감소를 이유로 너무 이른 시점부터 그 지역의 하락을 예상하는 것은 위험합니다.

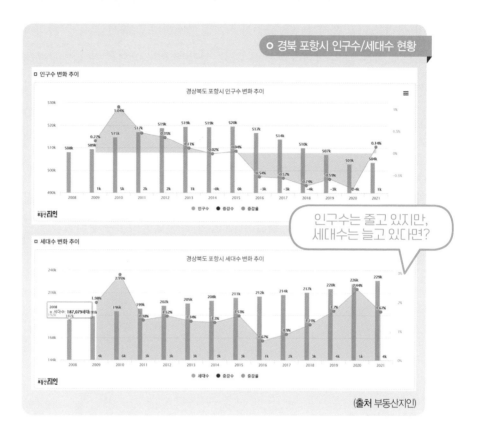

○ 경북 포항시 인구수/세대수 현황

인구수는 줄고 있지만,
세대수는 늘고 있다면?

(출처 부동산지인)

　　예를 들어 포항의 경우 15년에 비해 21년의 인구수가 15,000명가량 줄었습니다. 지진도 있었죠. 인구수도 급격하게 줄어드는데 지진까지 났으니 사람들이 뭐라고 했을까요? "이제 포항 집값은 오르지 않을 거야." 실제로 제가 19년 포항에 임장을 갔을 때 부동산 사장님이 했던 말이기도 합니다. 그런데 지금 결과는 어떻게 되었나요?

　　군산도 마찬가지입니다. 인구가 계속 빠져나가는데, 설상가상으로 GM이라는 지역의 대표적인 대기업마저 빠지자 협력업체들까지 줄줄이 문을 닫으면서 군산의 경제는 끝났다고들 했습니다. 그런데 지금은 어떤가요? 20년 전부터 호재였던 새만금 이슈가 다시 떠오르면서 군산으로 투자자들이 몰려들고 있습니다. 단순히 인구수가 감소한다고 해서 부동산 가격이 오르지 않는 것은 아니라는 말을 하고 싶었습니다. 앞으로 트리거에 대해서 자주 언급할 텐데, 인구수는 상승과 하락의 방향 자체를 바꾸는 트리거는 되지 못합니다. 물론 상당히 영향력 있는 변수로 그래프의 기울기를 더 가파르게 하거나 완만하게 하는 역할은 충분히 합니다.

결국 중요한 것은 인구수보다 세대수고, 그보다 더 중요한 수요와 공급, 매매/전세지수, 그리고 지역 간 비교평가가 남아있습니다. 그러니 1차 필터링은 이쯤에서 가뿐하게 넘깁시다. 이제 진짜 중요한 2차 필터링을 만나러 가보겠습니다.

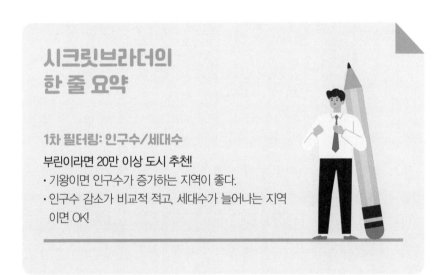

**시크릿브라더의
한 줄 요약**

1차 필터링: 인구수/세대수

부린이라면 20만 이상 도시 추천!
• 기왕이면 인구수가 증가하는 지역이 좋다.
• 인구수 감소가 비교적 적고, 세대수가 늘어나는 지역 이면 OK!

2차 필터링: 수요와 공급

지역 사이클 분석의 핵심이 되는 아주 중요한 필터링 단계입니다. 모든 물건의 가격은 수요와 공급의 논리로 결정됩니다. 코로나가 발생하고 한 달 정도 됐을 때의 마스크 가격을 떠올려보세요. 약 8배 정도 폭등했었습니다. 수요는 많은데 공급이 부족했으니까요. 하지만 곧 공급이 정상화되면서 마스크 가격은 정상으로 돌아갔습니다. 요즘 없어서 못 구하는 샤넬, 구찌 등 명품백도 마찬가지입니다. 이 회사들은 똑똑해서 절대 공급을 늘리지 않습니다. 늘 수요보다 공급을 적게 하니 가격이 계속 올라갈 수 있는 겁니다. 부동산도 똑같습니다. 해당 지역의 수요와 공급을 파악하는 것은 기초 중 기초이며, 반드시 파악해야 할 내용입니다. 그 지역의 수요와 공급만 알고 있어도 언제 매수해야 하고, 언제 매도해야 하는지 대략적인 타이밍을 알 수 있습니다.

수요는 어렵습니다. 심리까지 파악해야 정확하지만 부린이가 그것까지 알기는 너무 어려우니 딱 2가지만 기억하세요.

> **수요 = 미분양 + 청약경쟁률**

청약경쟁률은 그 지역의 분위기, 즉 현재 수요를 가장 직관적으로 볼 수 있는 자료입니다. 청약경쟁률이 높다면 그 지역의 아파트를 사려는 수요가 많다는 뜻이고, 그 지역의 아파트 가격 역시 상승하고 있을 확률이 높습니다. 반대로 청약이 미달되면서 미분양이 난다면, 그 지역의 가격은 하락하고 있을 확률이 높습니다. 청약경쟁률은 청약홈이나 해당 홈페이지를 보면 되고, 요즘은 카페나 블로그 등에 잘 정리된 글들도 많으니 참고하세요.

저는 수요를 볼 때 청약경쟁률보다는 미분양을 주로 보는 편입니다. 왜냐하면 청약경쟁률은 개별 단지의 경쟁률을 보며 현재의 시장 분위기를 바로 느낄 수 있다는 장점은 있지만, 과거부터 현재까지의 지역 흐름을 보기에는 부족하기 때문입니다. 반면에 미분양 데이터는 그래프로 잘 표현되어 있어서 그 지역의 과거부터 현재까지의 분위기를 보는 데 아주 유용합니다. 미분양 데이터는 여러 사이트에 잘 나와 있지만 주로 부동산지인 사이트를 이용합니다. 미분양을 볼 때는 다음 2가지를 꼭 기억하세요.

1. 해당 지역의 미분양이 감소하는 추세에 있는가? or 증가하는 추세에 있는가?
2. 준공 후 미분양(악성 미분양)까지 감소 전환했는가?

다음 그림을 보면 경북 포항의 미분양은 10년에 가장 높았다가 15년 말까지 감소하는 걸 볼 수 있습니다. 그러다가 16년부터 다시 증가해서 19년까지는 꽤 높은 수준을 유지했고, 20년 정도가 되어서야 거의 소화된 모습을 보여줍니다. 경북 포항의 매매지수는 미분양과 정확히 반대로 움직입니다. 3차 필터링에 나오는 매매/전세지수 그래프를 보면서 예습해볼까요? 104쪽을 보세요. 파란색 매매지수가 10년부터 올라가기 시작해서 15년 말 정점을 찍고, 16년부터 내려가기 시작합니다. 그리고 19년 말까지 하락하다가 횡보를 거쳐 상승 전환하죠. 미분양 그래프를 다시 보면 미분양이 줄어드는 10년부터 15년 말까지의 가격은 정확하게 반대로 상승했습니다. 반대로 미분양이 증가하면서 쌓여있던 16년부터 19년까지는 가격이 정확히 반대로 하락했습니다. 그리고 다시 미분양이 소진되자 가격이 상승 전환을 했죠. 어떤가요? 너무 신기하지 않나요?

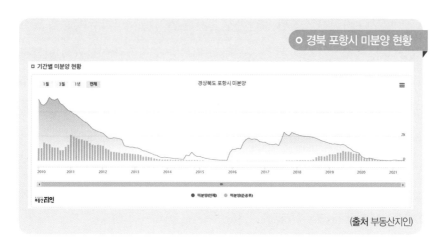

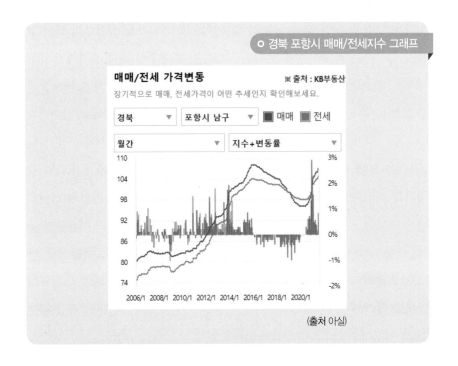

매매/전세 가격변동　　　　　※출처 : KB부동산

장기적으로 매매, 전세가격이 어떤 추세인지 확인해보세요.

(출처 아실)

　　포항만 우연의 일치로 그랬을까요? 다른 지역을 하나 더 보죠. 이번에는 포항과 전혀 관련이 없는 전북 군산입니다. 미분양이 소진되기 시작하는 10년부터 완전히 소진된 12년까지 군산은 가파른 매매지수 상승을 보여줬습니다. 미분양이 다시 터진 13년부터 미분양이 계속 쌓여있던 20년까지 줄곧 하락하다가 20년에 와서야 상승 전환했죠. 14~15년 기간 동안 미분양이 감소했음에도 매매지수가 하락한 이유는, 14년부터 예정되어 있던 과도한 입주물량과 긴 상승장에 대한 피로감, 소득 대비 고평가, 주택구매력지수 등 다양한 원인이 있지만 가장 중요한 것은 향후 예정된 입주물량(공급)이었습니다. 이런 것 때문에 미분양 데이터만 보는 게 아니라 공급물량 데이터를 같이 봐야 더 정확한 사이클 분석이 가능한 것입니다.

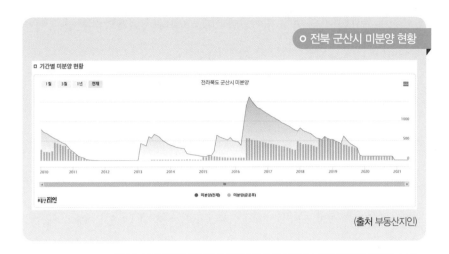

○ 전북 군산시 미분양 현황

(출처 부동산지인)

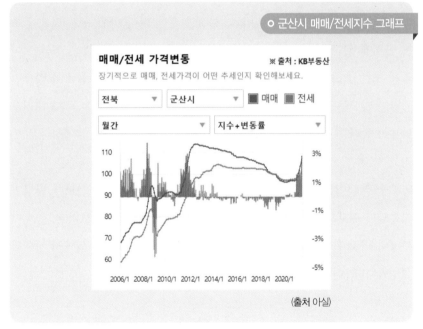

○ 군산시 매매/전세지수 그래프

(출처 아실)

　　지방 중소도시들은 정말 놀랍게도 이 미분양 수치와 매매지수의 상관성이 높습니다. 지역 사이클 분석에서 가장 중요한 것은 그 지역의 미분양이 앞으로 증가할지 감소할지를 예측하는 것입니다. 하지만 과거는 과거일 뿐 우리에게 중요한 것은 미래 데이터입니다. 그렇다면 미래의 미분양은 어떻게 예측할까요? 정답은 바로 '공급'에 있습니다.

공급 = 입주물량 + 인허가물량

인허가물량은 향후 약 5년 후의 입주물량을 예상할 수 있는 데이터를 말합니다. 세부 지역(중소도시의 경우 시 단위가 아니라 도 단위까지만 파악 가능) 데이터를 정확하게 파악하기 어렵고, 시장 상황에 따라 바뀔 수도 있으니 초보 단계에서는 굳이 인허가물량까지 볼 필요는 없습니다. 그럼, 공급을 어떻게 보는지 알겠죠? 입주물량 데이터만 보면 됩니다. 입주물량이 많으면 공급이 많다는 것이고, 공급이 많으면 가격 즉 매매/전세지수 둘 다 내려갈 확률이 높다는 것입니다. 반대로 입주물량이 적으면 공급이 부족하다는 뜻이고, 가격은 올라갈 확률이 높습니다. 향후 미분양에 대한 예측은 바로 이 입주물량 데이터로 확인하면 되는데, 입주물량이 평균수요선보다 많다면 미분양이 현재보다 늘어날 확률이 있지만, 만약 평균수요선보다 적다면 미분양이 터질 확률은 굉장히 줄어들게 됩니다. 평균수요선은 뒤에서 자세히 설명합니다. 매우 중요한 개념이니 다시 한번 정리해봅시다.

Q. 미분양이 줄어드는 추세에 있는 지역이 좋다는 건 이해됐어요. 그런데 중요한 건 앞으로 가격이 오를지 내릴지 예측하는 거잖아요? 그걸 알려주셔야죠!

A. 맞습니다. 우리에게 중요한 건 미래의 가격이죠. 그래서 미래의 미분양 수치를 예측할 수 있어야 합니다. 왜냐하면 미분양이 증가하면 가격은 내려가고, 미분양이 감소하면 가격이 상승하니까요.

그렇다면 미분양은 왜 발생할까요? 일단 미분양이 난다는 것은 사람들이 그 아파트를 분양받지 않는다는 뜻입니다. 사람들이 분양받지 않으려는 이유는 여러 가지가 있지만 그중 '공급'에 대한 부분만 생각해보자고요. 사고 싶어 하는 사람은 10명인데 5개만 판매할 수 있다면 경쟁이 붙어 가격이 올라갑니다. 반대로 20개를 판매한다면 공급이 넘치니 가격이 내려가겠죠. 아파트도 마찬가지입니다. 사려는 사람(평균수요)은 1,000명인데 500세대만 공급하면 미분양이 날 일이 없습니다. 하지만 사려는 사람은 1,000명인데 2,000세대를 공급하면 당연히 미분양이 나고 가격은 내려갑니다. 너무나 간단한 원리입니다. 평균수요보다 공급이 적다면 미분양이 날 확률이 낮고, 평균수요보다 공급이 많다면 미분양이 날 확률이 높다고 보면 쉽습니다.

단, 입주물량 데이터는 반드시 미분양 데이터와 함께 봐야 하며, 입주물량이 많다고 해서 무조건 가격이 내리는 것은 아닙니다. 입주물량이 많더라도 미분양이 나지 않고 그 공급물량을 다 소화시키면 그 지역의 가격은 올라갑니다. 이게 굉장히 중요한 개념인데, 뒤에서 세종시의 예로 자세히 설명하겠습니다.

입주물량을 볼 때 또 한 가지 주의해야 할 점이 있습니다. 공급은 해당하는 지역에 영향을 주는 지역까지 같이 보는 것이 좋다는 것입니다. 예를 들어 김해라면 창원과 부산 강서구 정도까지는 함께 봐야 합니다. 또 천안이라면 항상 아산의 입주물량도 확인해야 합니다. 같은 영향권이라서 그렇습니다.

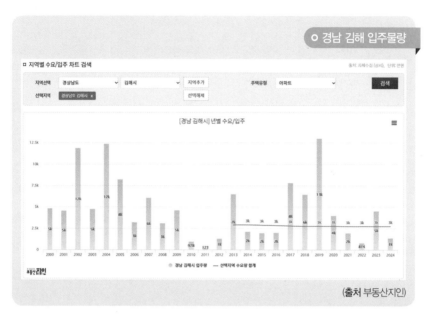

○ 경남 김해 입주물량

(출처 부동산지인)

○ 김해+창원+부산 강서구 입주물량

(출처 부동산지인)

왼쪽 페이지의 그림을 보면 김해는 23년에 공급이 평균수요선을 초과하는 것으로 나옵니다. 하지만 창원과 부산까지 함께 봤더니 평균수요선 밑입니다. 이렇게 주변 수요에 영향을 주는 인근 도시들의 입주물량 데이터까지 함께 보면 훨씬 더 정확하게 데이터를 분석할 수 있습니다. 해당 도시가 어느 도시의 영향을 받는지는 호갱노노 사이트를 보면 알 수 있습니다.

김해는 창원과 부산의 인구를 흡수하고 있는 도시입니다. 반대로 김해에서는 서울, 수도권으로 많이 빠져나가죠. 전국에서 인구가 서울/수도권으로 빠져나가지 않는 도시는 없습니다. 따라서 주변 도시들과 어떻게 주고받는지를 유심히 봐야 합니다. 김해의 경우 가장 전입이 많은 창원과 더불어 부산 전체에서 전입이 있긴 하지만 비중이 가장 큰 사상구, 사하구, 강서구 정도의 입주물량만 함께 봐도 무방할 것 같습니다.

빨간 선으로 표시된 수요량 합계 데이터는 인구수에 0.5 정도를 곱해서 계산하는데, '부동산지인에서 표시해주는 빨간 선(수요량)보다 위에 있으면 많구나, 아래 있으면 적구나'라고 생각하면 편합니다. 자, 여기서 위에 잠깐 언급한 중요한 개념이 나옵니다. 공급은 평균수요선보다 아래 있으면 좋지만, 공급이 수요보다 많다고 해서 무조건 가격이 하락하는 것은 아니라는 것입니다. 공급이 아무리 많더라도, 수요가 그 공급량을 다 소화할 수 있으면 그 지역의 가격은 상승할 수 있습니다.

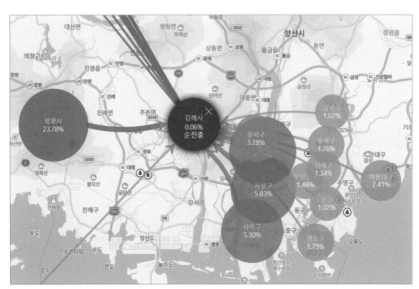

(출처 호갱노노)

세종시가 대표적인 예입니다. 다음은 세종시의 입주물량 데이터와 매매지수 데이터입니다. 평균수요 합계보다 엄청나게 많은 입주물량이 있었는데도, 매매가가 떨어지지 않고 오히려 조금씩 올라가는 모습입니다. 그러다 입주물량이 점차 감소하자 매매지수가 미친 듯이 올라갔죠. 이유가 뭘까요?

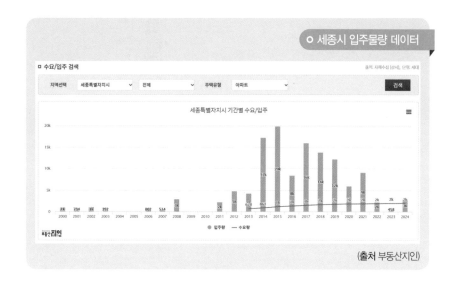

(출처 부동산지인)

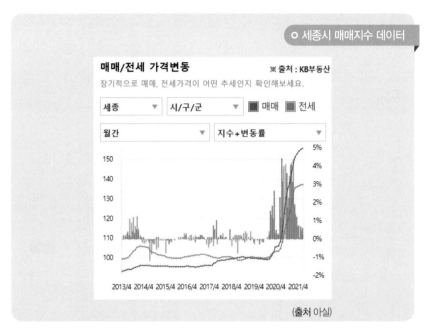

（출처 아실）

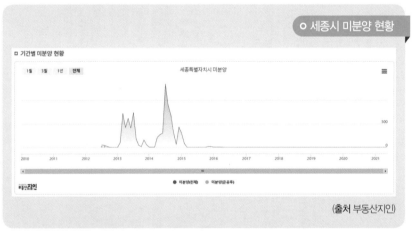

（출처 부동산지인）

　　왜 세종시가 12년부터 21년까지 지속된 엄청난 공급에도 가격이 내리지 않았는지가 보이나요? 답은 바로 미분양에 있었습니다. 저렇게 많은 입주 물량에도 미분양이 없었다는 건 수요가 그만큼 대단하다는 뜻입니다. 세종은 임장을 가본 사람만이 그 가치를 안다고 했습니다. 세종은 단순히 정부 청사만 간 것이 아니라, 대규모 아파트는 물론 주민들이 이용할 수 있는 상권과 인프라, 공원 등 모든 것이 갖춰진 완성형 도시입니다. 주변 도시인 대전, 천안, 청주, 공주 등 많은 도시에서 수요를 흡수하고 있죠. 이처럼 수요와 공급 모두가 중요하지만 더 중요한 것은 수요 데이터인 '미분양'입니다. 2차 필터링에서는 이 점을 꼭 염두에 두고 지역 분석을 해야 합니다.

사실 수요를 단순히 지역의 인구수로 계산한 평균수요선으로만 보기에는 무리가 있습니다. 왜냐하면 수요라는 것은 결국 사람이 결정하는 것이고, 사람의 심리와 그 당시의 상황이 복합적으로 반영된 것이니까요. 예를 들어 똑같은 사람이라도 배가 고플 때가 있고, 배가 부를 때가 있습니다. 배고플 때 라면 2개는 충분히 소화할 수 있지만, 배부른 상태라면 라면 2개는 과한 공급이 되는 것이죠. 아파트 공급도 그 시장에 어떤 사람들이 있는지와 현재 그 사람이 어떤 상태인지에 따라 달라집니다. 그 지역 사람들이 소화할 수 있는 상황이라면 미분양은 나지 않습니다. 세종시처럼요. 하지만 공급량이 적어도 그 지역의 소화 능력이 부족하다면 미분양이 생깁니다. 이런 이유 때문에 아주 중요한 데이터라고 생각하고 미분양 수치를 지속적으로 확인해야 합니다. 임장을 통해 시장 참여자들이 만드는 현장 분위기를 파악하는 습관까지 들인다면 더 정확하고 한 박자 빠른 투자가 가능해질 겁니다.

시크릿브라더의
한 줄 요약

2차 필터링: 수요와 공급

수요 = 미분양과 청약경쟁률
· 해당 지역의 미분양이 감소하는 추세에 있는가?
· 준공 후 미분양까지 감소 전환했는가?

공급 = 입주물량과 인허가물량
· 미분양이 감소 추세에 있고, 향후 입주물량이 적은
  도시에 투자한다.
· 입주물량은 수요에 영향을 주는 주변 지역까지 함께
  파악하는 것이 좋다.

3차 필터링: 매매/전세지수 분석

우리나라에는 매주 부동산 지수를 제공하는 2개의 기관이 있습니다. 한국부동산원(구 한국감정원)과 KB부동산인데요. 이 두 기관의 수치는 거의 비슷한 흐름을 보이지만 다를 때도 있는데, 표본과 집계 방식이 다르기 때문입니다. 저는 이 2개의 지수를 조금 다른 용도로 활용하는데, 활용법을 공유해보겠습니다.

- 여러 지역의 가격 흐름을 비교할 때 → 한국부동산원 데이터
  - 부동산 통계정보 R-ONE [https://www.r-one.co.kr]

- 한 지역의 매매/전세지수를 한눈에 보고 싶을 때 → KB지수
  - 아실 [https://asil.kr/asil/index.jsp]

여러 지역의 가격 흐름을 비교하는 방법

먼저, 여러 지역의 가격 흐름을 비교할 때 사용하는 방법을 알아보겠습니다. 사이트에 들어가는 방법부터 천천히 설명할 테니 책을 보면서 따라 해보세요.

① 먼저 R-ONE 홈페이지에 들어가면 나타나는 메인화면에서 '외부통계'를 클릭합니다.

② '주택건설인허가 실적' 창이 나타납니다. '작성 통계리스트 → 전국주택가격동향조사 → 주간아파트동향 → 매매가격지수 → 매매가격지수'를 클릭합니다.

③ 창 맨 위에서 '지역'을 '시군구별'로 설정한 후 오른쪽에 나타난 '상세지역선택' 버튼을 클릭해 흐름을 비교해보고 싶은 지역을 모두 선택(복수 선택 가능)합니다. '검색기간'은 12년부터로 설정합니다. 참고로 이곳의 데이터는 KB에서 데이터를 이관받은 시점인 12년 5월 7일 시점부터 제공되고 있기 때문에 그 이전을 지정하더라도 12년 5월 7일부터의 자료가 제공됩니다.

④ 다음과 같은 결과 화면이 나타납니다. 저는 보통 시 단위로 비교합니다. 필요 없는 도 단위 정보들은 클릭하여 뺀 후 4개의 시만 남겨두었습니다. 예시로 든 지역은 원주시, 군산시, 순천시, 진주시입니다.

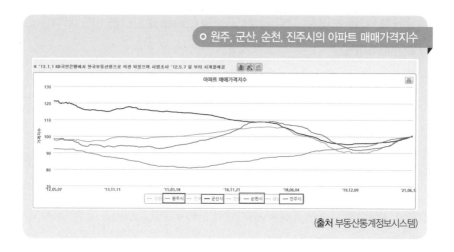

　이제 중요한 것은 이 그래프를 읽을 줄 아는 능력입니다. 이 통계는 임의로 기준이 되는 주(21년 6월 28일)를 100으로 설정해놓고, 100보다 높다면 기준 주보다 가격지수가 높다고, 100보다 낮다면 가격지수가 낮다고 생각하면 됩니다. 이 지수는 절대가격을 뜻하는 것은 아니라서 특정 시점에서의 지수를 보는 것은 크게 의미가 없습니다. 따라서 지수(매매/전세) 흐름을 파악하는 데 활용합니다.

　예를 들어 군산의 15년 5월 4일의 매매지수는 114.7로 100보다 높으니 시장이 좋았던 시기라고 생각하기 쉽죠. 하지만 지수에서 특정 시점은 크게 의미가 없다고 이미 말했습니다. 15년 5월부터 지금까지의 지수가 어떻게 움직였는가가 훨씬 중요한 정보입니다. 군산은 12년부터 계속 하락하다가 19년 12월이 되어서야 비로소 반등한 시장이라는 흐름을 이해하는 게 중요합니다. 반대로 순천은 15년 11월까지 하락하다가 그 이후로 지금까지 쭉 상승하고 있는 시장이라는 흐름을 알 수 있죠. 여기서 중요한 퀴즈가 나갑니다.

Q. 21년 6월 현재 두 지역 중 한 군데를 선택해야 한다면 어느 지역을 선택해야 할까요?

1번 : 군산   2번 : 순천

A. 답은 1번 군산입니다. 거의 6년 가까이 상승장을 이어오고 있는 순천에 투자하는 것보다, 이제 막 하락을 마치고 상승을 시작한 군산에 투자하는 것이 앞으로 오를 확률도 높고, 향후 매도 타이밍을 잡기도 수월합니다. 물론 순천이 추가 상승할 수도 있는데, 이는 앞에서 배운 2차 필터링과 뒤에서 배울 4차 필터링을 통해 구체적으로 분석해보면 됩니다.

위 4개 지역을 비교해볼 때도 마찬가지입니다. 원주와 진주는 19년 11월 이후 가격의 상승 흐름이 가팔랐습니다. 이 말은 4개 도시 모두 19년 12월 이후에는 상승했지만 군산의 상승폭이 가장 적었음을 의미합니다. 그래프 맨 오른쪽에 있는 현재 시점의 지수 비교가 아니라, 과거부터 지금까지의 가격 흐름, 특히 최근 2~3년 정도의 가격흐름을 비교하는 것이 매매가격지수 비교의 핵심입니다. 그러면 우리는 어떤 지역에 관심을 두는 것이 좋을까요?

매매지수가 최근 몇 년간 하락한 지역 찾기

모든 투자의 기본은 쌀 때 사서, 비싸게 파는 것입니다.

첫 번째 조건이 바로 '싸게 사는 것'입니다. 부동산 시장에서 싸게 산다는 것은 2가지 의미가 있다고 보는데, 첫 번째는 '절대가격'을 싸게 사는 것과 두 번째는 '미래가치 대비' 현재 가격이 싼 것입니다. 최근 몇 년 동안 매매지수가 하락한 지역의 아파트는 '절대가격'이 싼 아파트일 확률이 매우 높습니다. 지수라는 것은 평균을 나타내기 때문에 개별 아파트마다 가격은 다르겠지만 보통 몇 년 동안 하락한 지역의 아파트라면 1급지의 대장아파트도 조정받았을 확률이 높습니다. 그렇다면 고점 대비 현재 가격은 저렴하다는 이야기가 되고, 우리에게 중요한 것은 이 아파트가 언제부터 다시 상승할지를 예측하는 능력입니다. 이것을 위해 가장 먼저 파악해야 할 조건이 바로 '매매지수가 최근 몇 년 동안 하락한 지역'인 것이죠.

부동산이 앞으로 오를지 내릴지에 대해 누구라도 전망은 할 수 있습니다. 요즘은 데이터가 워낙 발달해서 맞히는 것도 예전보다는 쉬워졌고 대중화되었으니까요. 하지만 100%는 아닙니다. 세상의 모든 투자는 영원한 상승도, 영원한 하락도 없습니다. 부동산도 마찬가지고, 많은 자산이 그러하듯 상승과 하락을 반복하며 장기적으로 우상향할 뿐입니다. 그래서 우리에겐 단기적인 하락의 끝을 예측하는 능력이 필요하고, 그 선제조건이 수년간의 하락이라고 생각하는 것입니다. 저는 공부를 통해 하락의 끝과 상승의 시작 시점을 어느 정도 파악할 수 있다고 자신합니다. 이 능력이야말로 진짜 부자로 가는 첫걸음일 겁니다. 지금부터 설명하겠습니다.

전세지수가 횡보하다가 상승 전환한 지역 찾기

하락 사이클의 후반부를 예측하려면 우선 전세제도에 대한 간단한 이해가 필요합니다. 우리나라 부동산 시장은 유일하게 '전세'라는 제도가 있는 시장입니다. 매매지수와 전세지수의 움직임은 사람들의 심리를 생각해보면 조금 더 이해가 쉬워집니다.

✅ 매매지수가 하락할 때의 시장 상황과 심리

A라는 지역이 있습니다. 부동산 경기가 좋아서 건설사가 분양하는 족족 완판이 됩니다. 건설사는 신이 나서 분양을 계속합니다. 분양이 잘되면 잘 될수록 분양가는 올라갑니다. 분양가가 부담스러운 가격에 이르고 공급이 너무 많으면 어느 순간 사람들도 부담을 느끼고 더 이상 청약하지 않게 됩니다. 그렇게 입주물량(공급)이 쌓이면서 미분양이 발생합니다. 'A 지역의 부동산은 이제 끝났어'라는 심리가 팽배해지고, 다들 그 지역의 부동산 얘기에 부정적입니다. 거래가 안 되기 시작하더니 호가가 내려갑니다. 내린 호가에도 안 팔리니 급매로 처분하는 사람들이 생기고, 그 가격이 실거래 가가 되면서 호가는 더 내려갑니다.

✅ 매매가/전세가 동반하락

하락장에서는 내려가는 매매가에 떠밀려 전세가도 내려가게 됩니다. 즉, 매매지수와 전세지수가 동반하락하게 됩니다. 보통의 경우 전세가는 매매 가보다 비쌀 수가 없으니까요. 예를 들어 매매가 2억 5천/전세가 2억인 아 파트가 있다고 가정해봅시다. 2억 5천에 내놔도 아무도 보러 오지 않고, 부 동산 사장님은 계속 가격을 낮춰야 한다고 하네요. 어쩔 수 없이 가격을 2 억 4천으로 낮춥니다. 그래도 보러 오지 않아요. 또 낮춥니다. 그렇게 2억 2천까지 매도호가가 내려갑니다. 이런 상황에서는 전세가도 같이 하락해서 전세가도 1억 8천까지 내려갑니다. 그렇게 매매수요가 조금씩 전세수요로 이동합니다. 집값은 계속 빠질 것 같은데, 전세가격은 너무나 매력적이니 까요.

그러던 어느 날 1억 8천에 전세를 보러 갔는데, 앞에 2팀이 더 기다리고 있습니다. 서로 계약하겠다며 경쟁이 붙습니다. 그중 한 사람이 먼저 계약하기 위해 5백만 원을 올려 1억 8천 5백만 원에 계약을 성사시킵니다. 이런 식으로 전세가가 서서히 오르더니 2억까지 올라갑니다. 하지만 아직 매매가는 계속 2억 2천에 머물러 있습니다. 이제 매매가는 2억 2천인데, 전세가는 2억입니다. 2천밖에 차이가 안 나네요. 이쯤 되면 사람들은 '2천밖에 차이 안 나네? 차라리 사자'라는 심리로 돌아서게 됩니다. 이것이 하락장에서 나타나는 전형적인 모습이고, 이 모습이 보이면 하락 후반부라고 생각하면 되는 것입니다.

절대 잃지 않는 매수 타이밍
– 하락의 끝, 상승의 시작을 예측하는 방법

3차 필터링, 매매/전세지수 분석의 핵심은 이것입니다.

매매지수가 최근 몇 년간 하락한 지역+전세지수가 횡보하다가 상승 전환한 지역

이 타이밍에만 들어가면 향후 2~4년간 하락하는 지역에 투자할 확률은 제로에 가깝습니다. 물론 2차 필터링을 통해 향후 입주물량이 적고, 미분양이 터질 확률이 낮은 지역에 해당하는 내용입니다. 그래서 2차 필터링을 3차 필터링보다 먼저 하는 것이니까요. 여기서 중요한 것은 매매지수보다 전세지수의 움직임에 더 집중해야 한다는 사실입니다. 갭투자의 기본은 전세 세팅입니다. 그리고 리스크 관리를 위해 가장 신경 써야 하는 부분이 역전세에 대비하는 것이죠. 향후 전세가격이 내릴 지역에 투자하면 안 됩니

다. 단, 절대가격이 너무 저렴한 지역이라 그 순간의 입주물량만 견디면 되는 지역, 역전세가 나더라도 내가 버틸 힘(돈, 인내, 확신)이 있는 경우라면 괜찮습니다. 하지만 대부분은, 특히 초보라면 지역을 선정할 때 가장 먼저 생각해야 할 것이 그 지역 전세가의 움직임입니다.

해당 지역의 매매지수와 전세지수가 동반하락하다가 전세지수가 일정 기간 횡보하면서 상승하는 모습을 보인다면 주목하세요. 보통 하락장에서는 전세지수가 횡보하다가 상승하더라도 매매지수는 여전히 하락하고 있을 확률이 높지만, 이제 곧 상승을 준비하고 있는 경우가 많아서 저는 이 시기를 한 사이클의 바닥으로 보고 있습니다. 조금 더 구체적으로 말하자면, 우리가 어떤 지역에 투자를 고려해야 할 시기는 매매지수가 전세지수를 뚫고 내려가는 시점부터입니다. High Risk, High Return 성향이라면 이 시점에 투자하는 게 좋고, Low Risk, Low Return 성향이라면 이 시점부터 그 시장에 관심이라도 가져야 합니다. 해당 시점은 무릎 정도 되는 타이밍이라고 볼 수 있습니다. 실제로 이 시점부터 매매지수는 더 하락하는 경우가 대다수입니다. 하지만 지수라는 것은 평균을 나타내는 것이라 이 시점부터 이미 1급지는 서서히 상승의 움직임을 보이는 경우가 많습니다. 해당 지역의 1급지를 노리는 사람이라면 약간의 리스크를 감수하더라도 이 타이밍에 지역 대장아파트부터 살펴보는 게 좋고, 조금 불안하다면 주시하다가 1급지 대장아파트가 올라가는 것을 확인한 후 향후 흐름이 올 1급지의 구축이나 2급지의 대장을 선점하는 게 좋은 투자 방법이라고 생각합니다. 진짜 이 말이 맞는지, 지금부터 지역의 실제 사례를 보면서 검증에 들어가겠습니다. 앞에서 자세히 설명했지만 한 지역의 매매/전세 가격변동을 보려면 아실 사이트에 들어가 '더보기 → 부동산 빅데이터 → 가격 변동 → 매매/전세 가격변동'을 보면 됩니다.

[사례 1] 경북 포항

포항시 남구의 매매/전세지수 그래프를 봅시다. 18년 11월에 매매지수가 전세지수를 뚫고 내려간 후 전세는 완만한 하락을 그리다 횡보합니다. 하지만 매매지수는 조금 더 내려가다가 횡보하죠. 그래프로 알 수 있는 포항 투자의 최적기는 18년 11월(매매지수가 전세지수를 뚫고 내려간 시점)~20년 5월(매매지수가 상승을 시작한 시점)입니다. 이 타이밍에 들어갔다면 가장 좋은 수익률을 올릴 수 있었을 겁니다.

다음 페이지의 위쪽은 포항의 대장아파트인 포항자이의 그래프입니다. 18년 말부터 조금씩 꿈틀대다가 19년 초부터 본격적으로 상승을 시작합니다. 과거 대장이었던 효자동 풍림아이원도 19년 7월 정도부터 상승하기 시작했다는 것을 알 수 있습니다. 포항의 매매/전세지수 그래프상 투자 최적기 시점과 정확히 일치합니다.

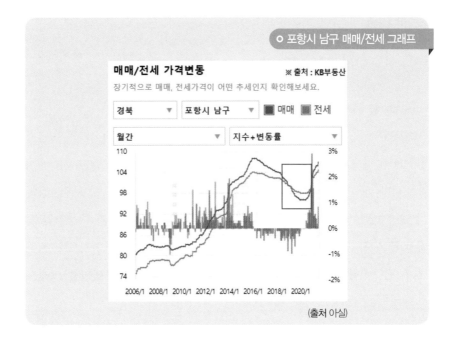

○ 포항시 남구 매매/전세 그래프

매매/전세 가격변동　　　　　　　　※ 출처 : KB부동산
장기적으로 매매, 전세가격이 어떤 추세인지 확인해보세요.

경북 ▼　　포항시 남구 ▼　　■ 매매　■ 전세

월간 ▼　　지수+변동률 ▼

(출처 아실)

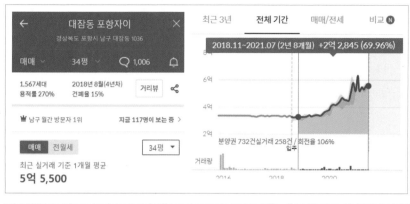

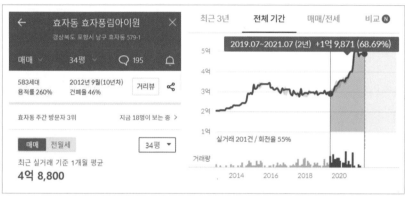

[사례 2] 전북 군산

전북 군산의 매매/전세지수 그래프입니다. 군산의 투자 최적기는 19년 3월(매매지수가 전세지수를 뚫고 내려간 시점)~20년 11월(매매지수가 상승을 시작한 시점)입니다. 군산의 대장아파트인 조촌동 디오션시티푸르지오를 보면, 정확히 19년 4월부터 상승을 시작했습니다. 126쪽을 보세요. 과거 대장이었고, 가장 좋은 입지를 가진 수송동의 수송세영리첼입니다. 20년까지도 조용하다가 20년 9월부터 상승했죠? 포항과 마찬가지로 매매/전세지수 그래프 분석만으로도 최적의 진입 타이밍을 알 수 있었을 겁니다.

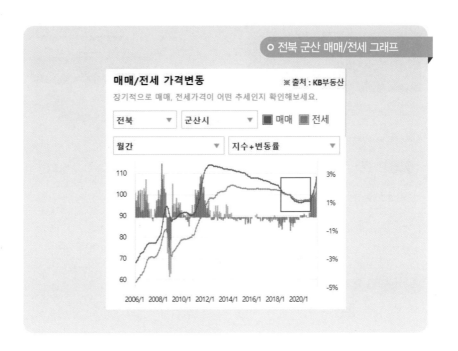

○ 전북 군산 매매/전세 그래프

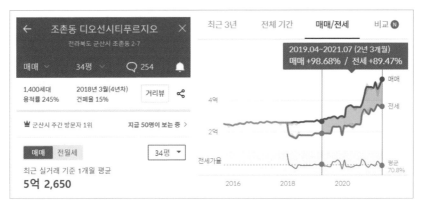

[사례 3] 충북 청주시

충북 청주 흥덕구의 매매/전세지수 그래프입니다. 그래프로 알 수 있는 청주의 투자 최적기는 19년 3월(매매지수가 전세지수를 뚫고 내려간 시점)~20년 5월(매매지수가 상승을 시작한 시점)입니다. 청주는 방사광 광속기 호재가 터지며 가격이 급등했는데, 이로 인해 규제지역으로 지정되는 불운을 겪은 도시입니다. 이 문제는 뒤에서 다시 자세히 설명하겠습니다.

127쪽에 있는 것은 청주의 대장아파트인 복대동 두산위브지웰시티2차로, 19년 10월부터 상승을 시작했습니다. 같은 복대동이지만 입지가 조금 떨어지는 128쪽의 금호어울림은 20년 4월부터 상승을 시작했습니다. 다른 곳들과 같은 결과를 보이죠?

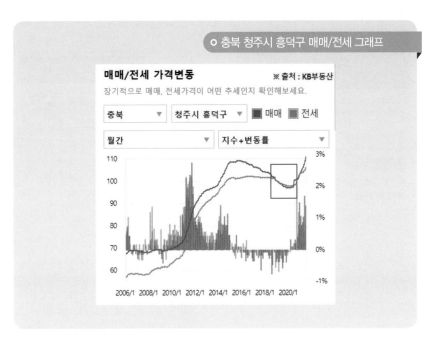

○ 충북 청주시 흥덕구 매매/전세 그래프

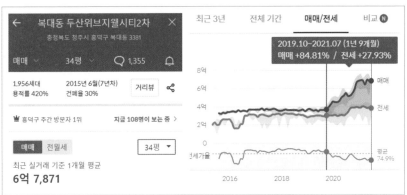

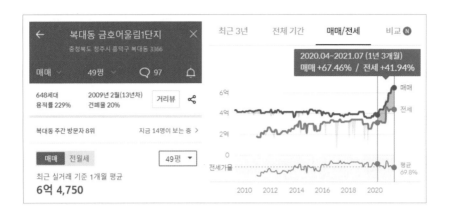

지금까지 3개 지역의 검증을 마쳤습니다. 과연 이 3개 지역만 이럴까요? 제가 공부한 바로는 거의 모든 지역에서 매매/전세지수 분석을 통해 최적의 진입 타이밍을 찾을 수 있었습니다. 이것이 바로 제가 투자하는 방법이고, 절대 잃지 않는 타이밍이며, 제가 평생을 투자할 수 있을 거라고 생각하는 이유입니다. 모든 도시의 매매/전세지수 그래프는 다 다르게 움직이니까요.

복습하고 넘어갑시다. 2차 필터링의 핵심은 수요와 공급이었습니다. 수요는 미분양 데이터만 봐도 충분하고, 공급은 입주물량 데이터를 본다고 했습니다. 미분양이 감소 추세에 있거나 현재 거의 없는 지역, 그리고 향후 입주물량이 평균수요보다 적은 지역을 찾아내는 과정이죠. 이렇게 2차 필터링을 통과된 도시 중 매매지수가 최근 몇 년간 하락한 지역, 그리고 전세지수가 하락하다가 횡보하며 상승을 시작한 지역을 찾는 것이 3차 필터링이었습니다.

조금 더 구체적으로 말하면, 매매지수가 전세지수를 뚫고 내려간 뒤부터 매매지수가 상승하는 시점까지가 가장 진입하기 좋은 타이밍입니다. 물론 현재 시점의 매매/전세지수를 봤을 때 가장 좋은 타이밍인 지역은 거의 없습니다. 그렇다면 이제 투자를 못 하는 걸까요? 아닙니다. 위에서 말한 것처럼 지수는 평균을 나타내는 것이기 때문에 1급지가 상승할 때 아직 덜 오른 2~3급지 물건들은 아직도 충분히 많습니다. 우리는 그런 물건을 찾아야 하는 거죠. 그 물건을 찾는 아주 중요한 단계가 4차 필터링입니다. 4차 필터링은 아무리 강조해도 지나침이 없으며, 실거주든 투자든 무조건 이 기능을 사용해야 합니다. 아주 중요하니 여러 번 반복해서 읽을 것을 권합니다.

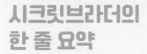

시크릿브라더의
한 줄 요약

3차 필터링: 매매/전세지수 분석
• 매매/전세지수 동반하락 후 전세지수가 먼저 움직이는 지역에 주목하라.
• 매매지수가 전세지수를 뚫고 내려가는 타이밍이 해당 지역 최적의 매수 타이밍!

05

4차 필터링:
지역 간 비교

3차 필터링에서 이렇게 말했습니다.

"투자의 기본은 싸게 사는 것인데, 싸게 사는 것에는 2가지가 있다.
첫 번째는 '절대가격'을 싸게 사는 것이고, 두 번째는 '상대가격'을 싸게
사는 것이다."

3차 필터링은 절대가격을 싸게 사는 방법이었습니다. 사이클상 가장 낮
은 지점을 찍고 반등하는 지역이 있다면, 바로 그때가 절대가격이 가장 싼
시점이 되는 것이고, 그 시기를 찾는 방법을 설명했습니다. 이번에는 상대
가격을 싸게 사는 방법을 알아보겠습니다. 상대가격은 비교대상이 있다는
말이죠? 비교대상과 비교해서 싸다는 개념이야말로 진정한 저평가의 개념

이라고 생각합니다. 진짜 저평가된 물건을 찾으려면 지금부터 공부할 4차 필터링이 정말 중요합니다. 이 방법은 실거주든 투자든 상관없이 부동산 거래를 하는 모든 사람이 알았으면 하는 내용이라서 계속 강조할 예정입니다.

개인적으로 아실 유거상 대표님이 말한 '부동산은 비교의 학문이다'라는 말을 너무 좋아합니다. 공부하면 할수록 정말 맞는 말이더군요. 제가 주식이나 코인을 어려워하는 이유도 적절한 비교대상을 찾지 못해서입니다. 저는 A 종목과 B 종목이 같은 업종에 있더라도 시가총액이 다르고 매출액이 다르고 회사의 규모가 다른데, 어떻게 A 종목이 저평가인지 B 종목이 저평가인지를 판단할 수 있는지 그 방법을 잘 모르겠더라고요. 주식과 다르게 부동산은 그 비교대상이 명확한 편입니다. 너나위 님은 이를 '쌍둥이 아파트'라고 표현하던데, 정말 놀랍게도 가격 흐름이 비슷한 아파트들이 전국에 숨어 있습니다. 이런 쌍둥이 아파트들은 같은 지역 안에 숨어 있는 게 아니라 전혀 다른 지역에 있는데, 지금부터 그것을 찾는 방법을 설명하려고 합니다. 비교하는 아파트의 수가 많아지면 많아질수록, 그 비교 아파트의 유사성이 비슷하면 비슷할수록 성공적인 투자를 할 수 있는 확률도 높아집니다. 예를 들어보겠습니다.

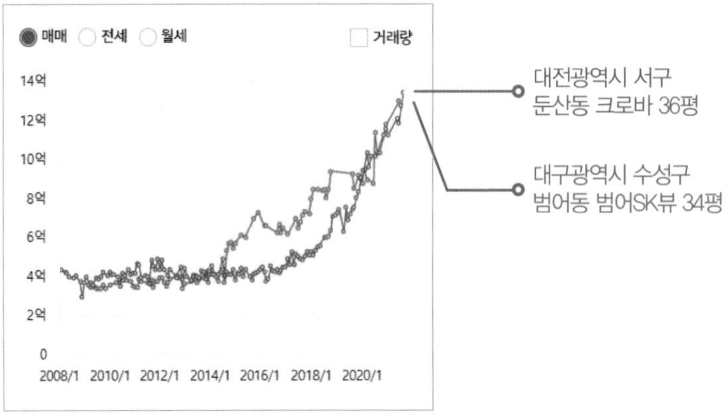
매매 전세 월세
거래량
14억
12억
10억
8억
6억
4억
2억
0
2008/1 2010/1 2012/1 2014/1 2016/1 2018/1 2020/1
대전광역시 서구
둔산동 크로바 36평
대구광역시 수성구
범어동 범어SK뷰 34평
(출처 아실)

이 2개의 아파트는 대구, 대전을 대표하는 아파트들입니다. 시세가 비슷하게 움직이죠? 특히 09년부터 14년 정도까지는 거의 똑같습니다. 하지만 지역 사이클에 따라 대구의 범어SK뷰가 14년 하반기부터 먼저 치고 나가기 시작합니다. 하지만 파란색인 대전 크로바는 16년까지도 전혀 힘을 못 내고 따라가지 못하는 모습을 보입니다. 아마 이 시기에 세종의 입주물량이 너무 많아 대전까지 영향을 준 것이 원인이라고 생각합니다. 두 아파트의 가격이 3억까지 벌어진 적이 있습니다. 하지만 17년 이후 무서운 속도로 크로바가 힘을 내기 시작하더니 지금은 거의 비슷한 지점에서 만나고 있습니다. 전혀 다른 지역이지만 가치가 비슷한 아파트라서 어느 한쪽이 순간적인 저평가가 일어나면 그 저평가를 메우기 위해 움직이는 거죠. 여기에 2개의 단지를 더 추가해보겠습니다.

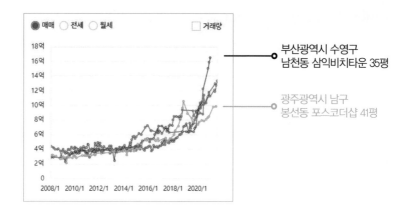

이 아파트들 역시 앞의 아파트와 비슷한 흐름을 보입니다. 일반적으로 광주의 대장아파트는 부산, 대구, 대전보다는 약간 낮은 시세를 형성하는데, 무슨 이유에서인지 18년 모든 아파트를 제치고 가장 높은 곳에 실거래가가 찍힙니다. 광주가 오른 이유에 대해 유명인을 언급하는 것은 적절하지 못하니 따로 언급하지는 않겠습니다. 지금부터 부산이 왜 이 엄청난 입주물량을 뚫고 가격이 급격하게 올랐는지에 대한 이유가 나옵니다.

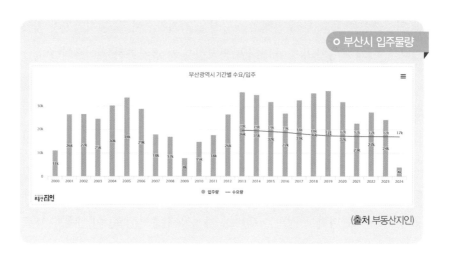

(출처 부동산지인)

입주물량만 보면 부산은 가격이 올라가기가 어려운 시장이었습니다. 13년부터 23년까지 무려 10년이 넘는 기간 동안 입주물량이 저렇게나 많았습니다. 19년 하반기부터 미친 듯한 상승을 보여주는데, 부산이 상승한 이유는 간단합니다. 가치가 비슷하거나 나보다 가치가 낮다고 생각한 아파트가 나보다 가치가 높아졌기 때문입니다. 이게 바로 저평가이고, 비교평가를 해야 하는 이유입니다. 광주 포스코더샵이 10억을 찍고, 대구 범어SK뷰도 10억 언저리쯤, 대전 크로바도 7억 5천 정도인데 부산의 대장아파트인 삼익비치는 아직도 6억 5천입니다.

사람들이 보기에도 이건 이해가 안 되는 가격인 겁니다. '나 부산의 대장인데? 내가 지금 이 가격이 말이 되는 거야?' 하면서 미친 듯이 올라갑니다. 물론 상승 초반에는 투자자들이 있습니다. 투자자들은 이런 데이터를 보지 않더라도 감각적으로 압니다. 흔히 알고 있는 복부인들의 감은 정말 무섭습니다. 가격만 들었을 뿐인데, 그 가격이 싼지 비싼지 감각적으로 알더군요. 우리는 그런 감이 없으니 데이터를 보며 비교평가를 열심히 해야죠. 결과적으로 삼익비치는 가치에 맞게 올라갔고, 그 나비효과로 저 엄청난 입주물량을 뚫고 부산 전체의 상승장을 가져왔으며, 규제지역까지 되었습니다. 이게 저평가의 힘이고, 4차 필터링을 가장 강조하는 이유입니다.

가장 중요한 것은 내가 관심 있는 아파트와 최대한 가치가 비슷한 아파트를 찾는 것입니다. 하지만 역시나 쉽게 얻어지지 않죠. 엄청난 노력이 필요합니다. 지역과 지역을 비교하기 위해 많은 임장을 다녀야 하고, 그 아파트의 가치를 정확히 이해하기 위해 최대한 많은 아파트를 보려고 노력해야 합니다. 절대 하루아침에 그런 능력이 생기지 않습니다. 지금부터 배울 내용이 다소 어렵더라도 정신을 똑바로 차리고 집중하세요. 이 내용이 비교평가의 기본이며, 올바른 투자의 뼈대라고 확신합니다.

[4차 필터링 Step 1]
각 지역 대장아파트 가격 비교를 통한
지역 저평가 여부 판단

비교평가의 시작은 지역별 비교평가이고, 2가지 방법이 있습니다.

첫 번째 방법은 앞에서 설명한 한국감정원 통계자료를 바탕으로 하는 지역 흐름 비교입니다. 과거부터 지금까지의 흐름이 어떻게 흘러왔고, 특히 최근 3~5년의 흐름이 다른 지역에 비해서 어떤지를 비교해보면서 지역 자체의 저평가 여부를 판단할 수 있습니다. 하지만 지수라는 것은 지역의 평균일 뿐입니다. 개별성이 강한 아파트의 특성상 평균이 모든 것을 대변하지는 못합니다. 같은 지역이라도 많이 오른 아파트가 있는 반면 그렇지 못한 아파트도 있다는 뜻입니다. 그래서 매매가격지수의 지역별 비교를 통해 대략적인 현재 분위기를 파악한 후에 반드시 해야 할 것이 아파트별로 비교해보는 작업입니다.

여기서 필요한 것이 두 번째 방법인 지역 대장아파트 비교입니다. 전국에는 셀 수 없이 많은 아파트가 있고, 모든 아파트의 가격을 비교하는 것은 불가능하기 때문에 각 지역 대표아파트들의 비교를 통해 진짜 그 지역이 저평가되었는지를 판단합니다. 앞에서 보여드린 부산 수영구의 삼익비치와 대구 수성구의 범어SK뷰, 대전 서구의 크로바를 비교하는 이유가 바로 이것입니다. 대장아파트 비교평가를 통해 해당 지역이 다른 지역에 비해 저평가되었는지 여부를 판단하는 것이죠. 투자자라면 아무리 관심 없는 지역이더라도 그 지역의 대장아파트 정도는 알고 있는 것이 좋습니다. 지역의 대장아파트가 어디 있는지, 지금 시세는 얼마인지, 향후 변경될 가능성이 있는지 등을 메모해두고 꾸준히 시세를 확인하면 됩니다. 그러면 자연스럽게 지역의 흐름 및 다른 지역 대비 얼마나 많이 올랐는지, 덜 올랐는지를 파악하는 것이 쉬워질 것입니다.

지역의 대장아파트를 알고 있어야 하는 또 다른 이유는, 대장아파트가 해당 지역의 시세를 끌어가기 때문입니다. 사실 가장 쉬운 투자는, 1~3차 필터링을 통해 찾아낸 향후 올라갈 지역에 신축이나 분양권, 대장아파트를 사는 것입니다. 좋은 만큼 절대가격이 비싸고 투자금이 많이 들어 쉽게 손댈 수 없다면 우리가 해야 할 일은 대장아파트를 따라서 올라갈 수 있는 2급지, 3급지의 똘똘한 아파트를 선택하는 것입니다. 대장아파트 시세는 다른 단지들의 천장이 되어 상승의 상한선을 정해주는 역할도 하지만, 따라가는 아파트가 얼마나 올라갈 수 있을지 예측해볼 수 있는 기준이 되기도 합니다.

뒤에 나올 보너스 팁에서 자세히 말하겠지만, 대장아파트의 상승금액만큼이 아니라 상승률만큼은 2급지나 3급지도 충분히 오를 수 있기 때문입니다. 예를 들어 1급지 대장아파트가 1년 동안 총 50%의 상승률을 보여줬다면 2급지 아파트도 시차를 두고 40~50%까지는 상승할 것으로 예측할 수 있습니다. 이것이 많은 전문가가 말하는 갭메우기고, 키맞추기입니다.

강의 때는 각 지역 대장아파트가 어딘지, 현재 시세가 어느 정도인지, 어디에 있고, 왜 대장인지까지 자세히 설명하지만 책에서는 지역 대장아파트 단지명을 언급하지는 않겠습니다. 보는 시각에 따라 대장아파트가 다를 수 있고, 시세는 계속 바뀌니까요. 그 대신 여기서는 대장아파트끼리 비교가 가능한 지역들을 그룹으로 묶어(Grouping, 그루핑) 보겠습니다. 이것 역시 인구수와 가격을 기준으로 나눈 시크릿브라더의 지극히 주관적인 판단입니다. 이 기준이 절대적인 것은 아니니 해당 그룹군 내에서 비교해본 후 점차 비교군을 넓혀가는 게 좋겠습니다. 예를 들어 광주의 경우 G2 그룹으로 묶

기는 했지만 G1 그룹과도 비교할 수 있으니, 해당 그룹군 내에 있는 대장아
파트끼리 먼저 비교해본 후 다른 그룹군의 도시와 비교해보면 조금 더 정
확한 평가가 가능할 것입니다. 참고로 해당 Grouping은 서울/인천/수도권
을 제외한 지방 광역시와 중소도시이며, 여기에 언급되지 않았다고 안 좋
은 도시는 아니니 오해가 없길 바랍니다.

비교평가 단지 추가 방법

| 아실 | 여러아파트 가격비교 ▶ | 시세견인단지 추가 |

'시' 단위 Grouping	
Group 1	부산/대전/대구
Group 2	울산/세종/광주/창원
Group 3	천안/청주
Group 4	전주/포항/양산/김해
Group 5	춘천/원주/구미/진주/순천/여수/거제
Group 6	군산/익산/강릉/목포

'동' 단위 Grouping	
Group 1	부산 해운대구 우동
	부산 수영구 남천동, 민락동, 수영동, 광안동
	대구 수성구 범어동, 만촌동, 황금동
	대전 서구 둔산동
	대전 유성구 도룡동
Group 2	부산 동래구 명륜동
	세종시 새롬동, 다정동
	울산 남구 신정동
	창원 의창구 용호동
	광주 남구 봉선동
	천안 신불당

Group 3	대구 달서구 감삼동
	대전 서구 도안신도시
	울산 중구 우정혁신도시
	광주 광산구 수완지구
	청주시 흥덕구 복대동, 가경동
Group 4	전주 에코시티, 혁신도시
	광주 첨단지구
	김해 율한도시
	양산 물금읍
	울산 동구 전하동
	포항 남구 효자동
	진주 혁신도시
	천안 서북구 성성동, 백석동, 두정동
	아산 탕정신도시
	춘천 약사동, 온의동, 퇴계동
Group 5	진주 평거동
	원주 무실동, 혁신도시, 기업도시
	순천 해룡면, 왕지동
	여수 웅천동
	군산 조촌동
	창원 마산회원구 양덕동
	거제 수월동
	구미 확장단지, 옥계동
	강릉 유천지구
Group 6	군산 수송동
	익산 모현동
	목포 남악신도시
	경주 황성동

[4차 필터링 Step 2]
개별 단지의 비교군 찾기

Step 1에서 각 지역의 대장아파트를 파악하고 이들을 비교해봄으로써 어느 지역이 저평가되었는지를 확인했다면, 이제는 내가 궁금한 아파트가 저평가되었는지를 확인할 차례입니다. 아파트는 개별성이 강하기 때문에 평단가가 비슷한 '동' 단위라고 하더라도 가격은 천차만별입니다. 따라서 내가 궁금한 아파트를 비교하기 위해서는 최대한 그 아파트와 컨디션이 비슷한 아파트를 필터링해서 과거 가격 흐름이 비슷했던 아파트를 찾아야 합니다. 한 번에 찾을 수 있으면 좋겠지만, 컨디션이 비슷한 전국의 수백 개의 아파트 중 과거 흐름이 비슷했던 아파트는 많지 않습니다. 일일이 수작업을 통해 최대한 비교군으로 적합한 아파트 단지를 잘 선정하는 것이 비교 평가에서 가장 중요한 작업입니다. 비교군만 정확히 설정하면 저평가 여부를 명확하게 판단할 수 있고, 더 나아가 투자 시 안전마진과 예상 매도 타이밍까지 계산할 수 있게 됩니다. 지금부터 설명하는 내용이 모든 필터링 과정에서 가장 중요한 작업이니 책을 보며 함께 실습해볼 것을 권합니다.

✔ 관심 있는 아파트와 비슷한 조건의 아파트 찾기

다음은 거제시 수월동에 있는 거제자이라는 아파트입니다. 1~7차 필터링을 해봤을 때 거제시, 그중에서도 수월동이 눈에 들어왔다고 가정하겠습니다. 수월동에 거제자이라는 아파트가 있는데 이 아파트가 현재 저평가된 상태인지 아닌지를 확인하는 것이 목적입니다. 핵심은 거제자이와 컨디션(평수, 세대수, 연식)이 비슷한 아파트를 찾는 것이라고 했습니다.

(출처 호갱노노)

호갱노노의 '필터'로 가서 거제자이와 최대한 비슷한 조건의 필터를 설정합니다. 우선 거제자이의 평형이 34평이므로, 84제곱미터에 해당하는 32~36평으로 '평형'을 선택합니다. 여기서 중요한 것은 '가격'은 필터링하지 않는다는 것입니다. 이 작업은 과거 가격은 비슷한데 현재 가격이 달라진 아파트들의 차이를 보기 위해서 하는 것인데, 가격을 필터링하면 현재 거제자이와 비슷한 가격대의 아파트만 보이기 때문입니다. 우리가 찾는 것은 과거 거제자이보다 가격이 낮거나 비슷했는데 현재 거제자이보다 비싸진 아파트들입니다. 그러니 가격 필터는 건드리지 말고 그대로 두세요.

'입주년차'는 최대한 비슷하게 설정하는 것이 좋은데 너무 범위를 좁히면 비교 단지들이 많이 안 들어오고, 너무 넓히면 비교군이 부정확해집니다. 따라서 ±3년 정도로 잡으면 됩니다. 거제자이의 연차가 08년식이니 05~11년식 정도의 아파트가 잡히도록 설정합니다. '세대수'는 대략 500세대 이상 정도로만 필터링해도 괜찮습니다.

이렇게 설정한 후에 '아실' 사이트로 가서 '여러아파트 가격비교'를 선택한 후 거제자이의 해당 평수를 찾아 추가해놓습니다.

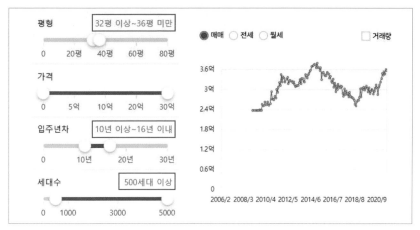

(출처 아실)

이제 다시 호갱노노로 돌아오세요. 이제 이 필터링 그대로 Step 1에서 알려준 그룹 안의 다른 동네들을 살펴보겠습니다. 거제 수월동은 Group 5에 있었죠?

Group 5	진주 평거동
	원주 무실동, 혁신도시, 기업도시
	순천 해룡면, 왕지동
	여수 웅천동
	군산 조촌동
	창원 마산회원구 양덕동
	거제 수월동
	구미 확장단지, 옥계동
	강릉 유천지구

먼저 진주의 평거동으로 와봤습니다. 필터링은 그대로 걸려있는 상태에서 진주시 평거동으로 지도를 옮긴 것이죠. 이 필터링에 걸리는 3개의 아파트가 있는데, 필터링되어 보이는 것 중 가격이 가장 비싼 아파트를 골라서 아실의 '여러아파트 가격비교'에 추가합니다. 3.8억 아파트를 찍어보면 평거휴먼시아 3단지로 나옵니다.

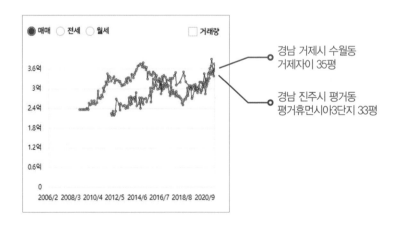

이렇게 추가하면 됩니다. 이 2개의 단지만 비교했을 때 어떤가요? 분명 과거 11년부터 16년까지는 거제자이의 가격이 높았었는데, 지금은 똑같아 졌습니다. 그렇다면 어디가 현재 저평가된 것일까요? 답은 거제자이입니다. 본래 가격이 높았던 아파트는 현재 어떤 이유, 즉 과도한 공급, 지역 경기 등으로 인해 가격이 눌려있지만 본래 가치에 맞게 다시 올라갈 확률이 높기 때문입니다. 이런 방식으로 비교 아파트를 20~30개 이상 계속 검색해 보는 것이 이 과정의 핵심입니다. 과거 데이터가 비슷한 기간이 길면 길수록, 비교군이 많아지면 많아질수록 더욱더 정확한 비교평가가 가능합니다.

2개 정도 더 추가해보겠습니다. 똑같이 Group 5에 있는 순천의 왕지동으로 가보겠습니다. 같은 필터링을 그대로 가지고 지도만 순천시 왕지동으로 옮겼습니다. 2개의 아파트가 잡히는데 순천두산위브를 비교군에 넣어보세요.

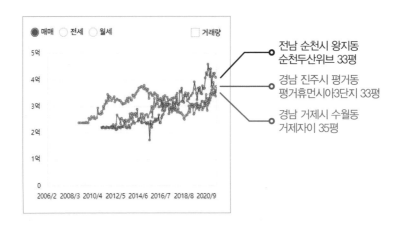

이렇게 추가됩니다. '평형'을 클릭하면 여러 종류가 있는데, 모든 평형을 다 넣어보고 그중에 거래량이 가장 많고 가격이 가장 높은 것 하나만 남겨 두고 나머지는 지우면 됩니다. 아파트마다 선호하는 평형과 타입이 다르니 일단 전부 찍어보고 가장 괜찮은 애들끼리 비교하면 되는 거죠. 순천시 왕지동에 있는 순천두산위브는 현재 가격이 4억 정도 됩니다. 과거 가격은 거제자이가 1억 3천 정도 비쌌습니다. 그런데 현재는 순천두산위브가 5천만 원 정도 비쌉니다. 순천에 GTX 같은 특별한 호재가 없는데도 말이죠. 이 말은 거제자이가 가격이 눌려있었던 이유만 해소된다면 충분히 4억 이상은 갈 수 있다는 방증이 됩니다.

여기서 1차 매도 타이밍까지 생각해볼 수 있습니다. 만약 거제자이를 매수하기로 결정했다면 4억을 최소 매도 금액으로 잡는 것이 좋습니다. 생각보다 더디게 오른다고 해도 조급해할 필요가 없습니다. 4억 이상은 분명 갈 수 있는 단지니까요. 이것이 비교평가를 한 사람과 그냥 감으로 산 사람의 차이입니다. 비교평가를 해보면 비교단지를 통해 그 아파트가 얼마까지 갈 수 있을 것으로 판단할 수 있습니다. 따라서 1차 매도 타이밍은 4억 이상으로 잡되, 만약 순천두산위브가 더 상승하거나 거제의 미래 공급물량의 변화 등 여러 변화를 다각도로 반영하여 매도 타이밍을 잡으면 됩니다.

하나 더 추가로 해보겠습니다. 이번에는 Group 4에 있는 포항시 효자동으로 가보겠습니다. 위에서도 설명했지만 같은 그룹군 내에서만 비교평가하면 안 됩니다. 먼저 같은 그룹군 내에 있는 동네들을 비교해보고, 그 후에 다른 그룹군과도 비교해보세요. 그다음 단계까지 간다면 똑같은 필터링 조건을 가지고 제가 그룹군으로 언급하지 않은 지역들까지도 해볼 수 있죠. 같은 필터링을 가지고 아무 지역이나 갔는데 다음 사진처럼 그래프가 전혀 다르게 나오면 어떡하냐고요? 과거 가격 데이터가 확연히 차이 난다면 그 아파트는 지우고 다른 아파트를 또 찾으면 그만입니다. 예를 들어 이 책에서 거제시 수월동과 원주시 무실동을 같은 그룹군으로 묶어줬는데, 비교해보니 가격 차이가 너무 많이 나서 연관성이 없다고 판단된다면 비교군이 아니라고 생각하고 지우고 다른 단지들을 찾으면 된다는 이야기입니다.

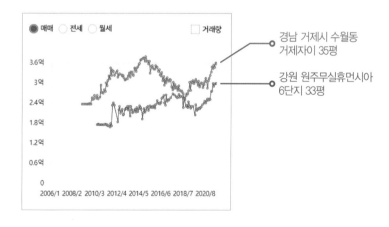

마지막으로 추가한 단지는 Group 4에 있는 포항시 남구 효자동에 있는 효자웰빙타운SK뷰3차입니다. 역시나 과거에는 거제자이보다 가격이 낮았었는데, 현재 가격은 4억 5천 정도입니다. 그렇다면 저는 거제자이도 4억 5천까지는 충분히 갈 수 있다는 결론을 내릴 수 있을 것 같습니다.

두 그림을 붙여서 보여주는 이유는 비교평가의 중요성을 한눈에 볼 수 있기 때문입니다. 거제자이 그래프만 나와 있는 왼쪽을 보면 어떤가요? '아, 2018년 저점일 때 샀어야 했는데 많이 올랐네.' 이런 생각이 들지 않나요? 거제자이만 보면 저점 대비 실제로 많이 오르기도 했지만, 너무 많이 오른 게 아닐까 싶은 생각이 드는 게 당연합니다. 하지만 오른쪽 그림을 다시 보면 어떤가요? '다른 아파트들은 많이 올랐는데 아직 거제자이는 덜 올랐구나' 싶을 겁니다. 이것이 우리가 비교평가를 해야 하는 이유고, 4차가 모든 필터링 과정 중 가장 중요하다고 강조하는 이유이기도 합니다.

계속 말하지만 4차 필터링은 모든 과정 중 가장 중요한 단계입니다. 완전히 이해할 때까지 무한반복 해보세요. 1~3차 필터링이 앞으로 오를 지역을 고르는 작업이라면, 4차 필터링은 정말로 내가 관심 있는 단지가 저평가되었는지, 얼마나 더 오를 수 있을지까지를 예측할 수 있는 작업입니다. 모든 필터링을 끝낸 후에도 다시 4차 필터링으로 돌아와 또 비교평가를 해보고, 최종 매수 전에 혹시 놓친 저평가 단지나 평수가 있는지도 확인해야 합니다. 중요한 만큼 절대 쉽지 않습니다. 이 과정만 따로 빼서 심화반 강의로 만들었을 정도니까요. 어렵다고 포기하지 말고, 차근차근 책을 따라했으면 좋겠습니다.

시크릿브라더의
한 줄 요약

4차 필터링: 지역 간 비교
입지 가치 대비 순간적으로 저평가된 아파트 찾기
· 비슷한 입지의 아파트끼리 가격을 비교하여 저평가 여부를 판단한다.
· 과거 가격의 흐름이 비슷했던 기간이 길면 길수록 현재 가격이 수렴할 확률이 높다.

06
5차 필터링:
가격과 분위지도

1~3차 필터링이 향후 오를 '지역'이 어디인지를 예측한다면, 4~7차 필터링은 해당 지역에서 '어떤 아파트'를 선택해야 하는지를 분석합니다. 특히 4차 필터링은 모든 필터링을 마무리한 후에 다시 한번 내가 선택한 단지가 저평가되었는지를 최종 확인하는 차원에서 반복적으로 해야 하는 가장 중요한 단계입니다. 1차부터 7차까지 순서대로 필터링을 진행하되 4차 필터링만은 중간중간 계속 반복해야 한다는 뜻입니다. 모든 지역의 입지 가치를 알고 4차 필터링을 진행하면 좋겠지만, 현실적으로 모든 지역을 임장하고 비교평가를 한다는 게 쉽지 않습니다. 그래서 손품으로라도 해당 지역에서 어디가 1급지이고 2급지인지를 파악하는 작업이 필요합니다. 5~6차 필터링은 해당 지역에 대해 아무것도 모른다는 가정하에, 손품만으로 그 지역의 급지를 파악하는 방법입니다.

5차 필터링에 들어가기 전에 먼저 알아둘 것이 있습니다.

'부동산에서 가격은 모든 것을 반영한다. 하지만 순간적인 저평가는 일어날 수 있다.'

순간적으로 저평가는 일어날 수 있지만 기본적으로 가격은 모든 것을 반영하고 있다는 전제입니다. 즉, 비싼 지역이 좋다는 가정인 것이죠. 서울에서는 강남구가, 대구에서는 수성구가 비싸지만 좋은 동네인 것처럼요. 경북 구미를 예로 들어 설명하겠습니다. 먼저 구미시를 호갱노노 지도에서 찾습니다. 그다음 조금 더 확대해서 어느 지역(동/면 단위)이 비싼지 확인합니다. 여기에 추가로 사람들이 많이 보고 있는 지역까지 체크합니다. 왕관 표시가 있는 지역이 사람들이 많이 보고 있는 지역이고, 이 지역이 좋은 지역일 확률이 높습니다.

호갱노노에 들어가서 가격이 제일 비싼 동/면 단위가 어디인지를 파악합니다. 그다음 왼쪽에서 '분위지도' 탭을 클릭하여 실거래가 분위가 높은 지역부터 가보는 겁니다. 지도상으로 보면 산동면&신당리 쪽이 가장 가격대가 높은 것으로 나오고, 실거래가가 높은 아파트들이 몰려있으니 이 지역부터 가보겠습니다.

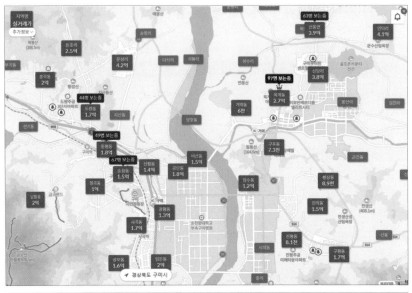

해당 지역으로 가서 가격이 비싼 아파트들을 하나씩 클릭해볼 건데, 가장 먼저 볼 것은 입주시기입니다. 단지들이 전부 입주한 지 채 5년이 안 된 신축 단지들이네요. 어느 지역이나 신축이 몰려있는 곳의 가격은 비쌉니다. 이제 해당 지역에서 가장 비싼 아파트의 연식과 가격을 메모합니다. 가격이 비쌀수록 급지가 높을 확률이 높지만, 반드시 그런 것은 아닙니다. 6차 필터링 과정인 상권+학군까지 확인해봐야 그 지역이 정말 상급지인지를 확인할 수 있죠. 일단은 가격이 비싸면 높은 급지일 확률이 높다는 생각으로 가격순으로 메모합니다.

참고로 인덕리가 산동읍보다 더 비싼 걸로 나오는데, 지도를 보면 산동에 있는 중흥S클래스에코시티의 주소가 인덕리라서 시세가 높게 나온 겁니다. 구미에서는 가격이 비싼 아파트들이 몰려있는 이곳을 '확장단지'라고 부릅니다. 가격만 봤을 때 구미에서 가장 비싼 1급지일 확률이 높은 것이고, 진짜 1급지가 맞는지 확인하려면 6차 필터링을 통해 교집합을 찾아 나가면 됩니다.

문성리의 경우 가격은 높지만, 분위지도를 통해 확인해본 결과 3개 정도의 아파트만 가격이 높은 걸로 봐서 신축 몇 개가 들어오면서 해당 지역의 가격이 높아진 것으로 추측됩니다. 결과적으로 저는 문성리가 1급지는 아니라고 판단합니다. 해당 지역의 급지를 따질 때 중요한 것이 비싼 아파트들이 많이 몰려있는 '밀집도'라서 그렇습니다. 문성리는 아파트 밀집지역이 아니니까요. 입지는 교통, 상권, 교육, 환경 등 다양한 요소에 의해 결정됩니다. 그런데 아파트가 밀집되어 있지 않으면 상권과 학원가가 형성되기 어렵습니다. 즉, 주민들의 편의시설과 교통이 좋지 않을 확률이 높다는 뜻이라 가격으로 1/2/3급지를 나눌 때면 꼭 아파트 밀집도를 확인해야 합니다. 다시 정리하면 급지를 나눌 때 첫 번째로 볼 것은 그 지역에서 가장 가격이 비싼 곳+아파트가 밀집된 지역입니다.

　자, 가장 비싼 아파트가 꼭 1급지에 있지는 않다는 걸 기억하세요. 입지가 좋지 않더라도 신축+브랜드의 힘으로 가장 가격이 비쌀 수도 있기 때문입니다. 실제로 구미의 대장 아파트는 과거에는 도량롯데캐슬이었고, 현재는 원평아이파크더샵입니다. 이 2개 단지는 제가 생각하는 1급지에 위치하지는 않지만 신축과 브랜드의 힘으로 가장 비싼 가격대를 형성하고 있습니다.

　가격(지역의 평균가+분위지도)으로 본 구미의 2급지 후보지는 옥계동, 3급지 후보지는 봉곡동 정도입니다. 중소도시의 경우 규모가 크지 않기 때문에 3급지까지 세부적으로 구분하는 게 쉽지 않지만 이런 방식으로 가격이 비싼 아파트가 모여있는 지역을 가격순으로 줄 세우는 것이 5차 필터링 과정입니다.

시크릿브라더의
한 줄 요약

5차 필터링: 가격과 분위지도

가격은 모든 걸 반영하고 있다.

• 가격이 비싼 아파트들이 모여있는 지역을 가격순으로
  정리한다.

6차 필터링: 학군과 상권

사실 5차와 6차 필터링은 하나로 이어지는 과정입니다. 5차 필터링을 통해 가격이 제일 높은 지역들을 정리한 후, 6차 필터링인 학군과 상권까지 좋은지를 교집합으로 찾아 나가는 단계죠. 6차 필터링에 들어가기 전에 지방이 서울과 다른 점부터 알아둬야 하는데, 서울/수도권은 직주근접이 가장 중요합니다. 집에서 핵심 일자리까지의 거리가 가깝거나 빨리 갈 수 있는 곳이 상급지일 확률이 높죠. 그래서 교통 호재가 중요하고, 역 하나 생기는 것에 가격이 출렁입니다. GTX 호재를 생각해보면 쉽게 이해될 겁니다. 하지만 지방은 조금 다릅니다. 지방은 어느 지역이나 자차로 30분 정도면 출퇴근할 수 있습니다. 광역시가 아닌 도시들에는 거의 지하철이 없고, 광역시라고 하더라도 광주의 경우는 지하철이 그렇게 큰 의미를 갖지 않습니다. 교통이 중요하기는 하지만 서울/수도권처럼 1순위는 아닌 거죠. 그래서 지방에서는 가장 중요한 것이 교통이 아니라 학군+상권이 됩니다. 그 지역의 좋은 학군지를 찾는 방법은 2가지입니다.

✅ 학원가+선호 중학교

학원가는 호갱노노의 '학원가' 탭에서 쉽게 확인할 수 있습니다. 위에서 말한 대로 가격이 비싼 지역에 학원가가 형성되어 있는지를 확인하면 됩니다. 가격이 비싼데 학원가까지 형성되어 있다면 입지가 좋을 확률이 높으니까요. 5차 필터링에서 찾은 가격이 높은 지역들부터 학원가가 있는지 확인합니다. 그다음에는 선호 중학교가 그 지역 안에 있는지를 봅니다. 학군을 볼 때 초품아가 아니라 중학교를 보는 이유는 앞의 임장편에서 자세히 설명했으니 참고하세요.

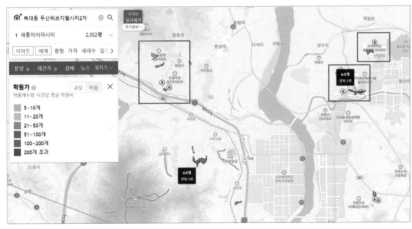

(출처 호갱노노)

선호 중학교란 공부를 잘하는 중학교를 뜻합니다. 학업성취도가 높은 중학교는 '아실' 사이트에서 확인할 수 있습니다. 2급지와 3급지 후보인 옥계동과 봉곡동에는 학업성취도 점수가 높은 중학교가 있으니 교집합 찾기 단계를 통과했다고 볼 수 있습니다. 그런데 1급지인 확장단지에는 학업성취도가 높은 중학교가 보이지 않네요. 이런 것은 임장을 가서 진짜 공부를 잘하는 중학교가 있는지 없는지를 확인해야 합니다. 참고로 이 확장단지의 경우 중학교가 생긴 지 얼마 되지 않아 학업성취도 점수가 사이트에 나타나지 않은 것이었습니다. 임장을 가보니 산동중학교가 선호도 높은 중학교라는 것을 확인할 수 있었습니다. 이렇게 가격+학군까지 확인했다면 그다음은 상권입니다.

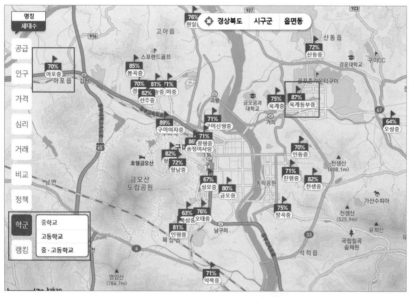

(출처 아실)

✅ 좋은 상권=선호 시설이 많고, 비선호 시설은 없는 상권

임장 초보편을 참고하세요. 집 주변에 병원, 약국, 마트, 공원 등이 많으면 많을수록 좋고, 모텔촌, 단란주점 등은 없는 게 좋은 상권입니다. 위에서 찾은 후보지들이 이런 조건을 갖추고 있는지를 확인합니다. 카카오맵이나 네이버지도 등 어떤 것도 상관없지만 개인적으로 카카오맵이 조금 더 보기 편해서 자주 이용하고 있습니다.

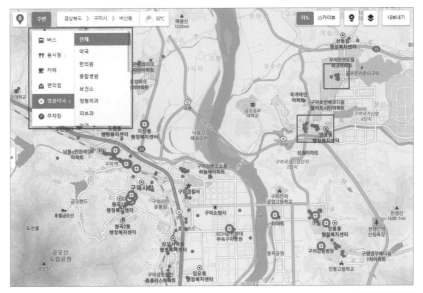

카카오맵 왼쪽 위에 있는 '주변' 탭을 클릭하면 지도상에서 병원, 약국, 은행, 모텔촌 등이 어디에 있는지를 확인할 수 있습니다. 궁금한 것들이 있다면 검색창에 검색해보세요. 역시나 마찬가지로 가격이 비싸고+학군이 좋고(학원가&선호 중학교)+상권까지 좋은(선호 시설이 많고, 비선호 시설은 없는) 지역을 차근차근 순서대로 교집합을 찾아 나가면 됩니다. 이 모든 조건을 통과한다면 그 지역이 상급지일 확률이 높은 것이죠.

지금까지 내용을 정리하겠습니다. 우선 1~4차 필터링을 통해 어디가 저

평가된 지역인지를 확인합니다. 그 후 해당 지역의 1/2/3급지를 파악하면
되는데, 급지 선정의 시작은 '가격'입니다. 호갱노노에서 평균 가격이 비싸
고 분위지도상 비싼 아파트들이 모여있는 지역들을 가격 순서대로 정렬하
여 메모해둡니다. 그다음 그 지역의 학군이 좋은지를 학원가와 선호 중학
교를 통해 확인하고, 살기 좋은 환경인지 알기 위해 선호/비선호 상권을 파
악합니다. 이 필터링을 통과한 지역들을 최종적으로 가격순으로 정리하면
그것이 바로 그 지역의 급지가 되는 것입니다.

시크릿브라더의 한 줄 요약

6차 필터링: 학군과 상권

학군지 파악은 학원가+학업성취도 우수 중학교로
판단한다.
- 학원가가 있고, 지역 내 1~3위 중학교가 위치하면
  그곳이 메인 타깃!

상권 밀집지역이 선호도가 높을 가능성이 크다.
- 상권은 선호 상권(마트, 병원, 은행, 공원 등)이 많고,
  비선호 상권(유흥시설, 모텔 등)이 없는 곳을 선택한다.

08
7차 필터링: 내 투자금에 맞는 단지 찾기

아무리 좋은 지역과 아파트를 찾았다고 하더라도 내 투자금이 부족하면 투자할 수가 없습니다. 그러니 임장 전에, 찾은 지역 중 내가 가진 투자금 안에서 선택할 수 있는 아파트가 어딘지를 정리하는 작업이 꼭 필요합니다. 지역의 모든 아파트를 보면 좋겠지만 비효율적이기도 하고, 지방의 경우 임장할 수 있는 시간이 넉넉하지 않기 때문에 손품 단계에서 최대한 많은 것을 준비하고 떠나는 것이 좋습니다. 호갱노노의 '갭가격' 탭을 이용하면 내 투자금 범위 안에 들어오는 아파트 단지들을 쉽게 찾을 수 있습니다. 팁을 하나 드리자면, 내 투자금이 5천만 원이라면 약 7천만 원 정도로 설정하세요. 호갱노노의 가격은 1개월 평균 실거래가를 기준으로 산정되는데, 현장 가격과 차이가 날 수 있으니 투자금 범위를 조금 더 여유 있게 설정한 후 현장에 가서 실제 갭가격을 확인하는 게 좋습니다.

　내 투자금으로 가능한 단지가 어딘지, 5~6차 필터링으로 찾은 1급지에 서부터 확인합니다. 좋은 급지에 투자할수록 수익률이 높을 테니까요. 1급 지부터 3급지 정도까지 내 투자금 범위 안에 들어오는 아파트들을 전부 메 모하고, 실제로 가서 그 아파트 단지들 위주로 임장하는 것이 포인트입니 다. 이렇게 찾은 곳들은 다시 4차 필터링 단계로 돌아가서 다른 지역의 아 파트와 비교해보세요. 반복해서 하다 보면 좀 더 저평가된 지역과 아파트 를 찾을 확률이 높아집니다.

　지금까지 1~7차 필터링 과정을 통해 향후 어떤 지역이 오를 지역인지, 좋은 지역과 아파트는 어디인지, 그리고 내가 투자할 수 있는 아파트는 어 떻게 고를 수 있는지에 대한 방법을 자세히 알아봤습니다. 이 7개의 필터링 과정만 정확하게 이해하고 실행한다면 평생 잃지 않는 투자를 할 수 있다 고 생각합니다. 모든 지역의 사이클은 다르게 움직이고, 언제나 저평가된 아파트는 존재합니다. 책을 끝까지 읽은 후 혼자 분석해볼 때 이해가 안 되 는 부분은 다시 책을 펼쳐 하나씩 천천히 해볼 것을 권하고, 그래도 어렵다면 제 강의를 한번 들어보는 것도 좋습니다. 글보다는 직접 한 번 듣는 것이 이해가 쉽고 빠를 테니까요.

시크릿브라더의
한 줄 요약

7차 필터링: 내 투자금에 맞는 물건 찾기
본인 투자금에 맞는 물건 리스트 정리
· 내 투자금으로 가능한 단지 위주로 임장한다.

1~7차 필터링
TOTAL REVIEW

1차 필터링: 인구수/세대수

- **부린이라면 20만 이상 도시 추천!**
- 기왕이면 인구수가 증가하는 지역이 좋다.
- 인구수 감소가 비교적 적고, 세대수가 늘어나는 지역이면 OK!

2차 필터링: 수요와 공급

- **수요 = 미분양과 청약경쟁률**
- 해당 지역의 미분양이 감소하는 추세에 있는가?+준공 후 미분양까지
  감소 전환했는가?
- **공급 = 입주물량과 인허가물량**
- 미분양이 감소 추세에 있고, 향후 입주물량이 적은 도시에 투자한다.
- 입주물량은 수요에 영향을 주는 주변 지역까지 함께 파악하는 것이
  좋다.

3차 필터링: 매매/전세지수 분석

- **매매/전세지수 동반하락 후 전세지수가 먼저 움직이는 지역에 주목하라.**
- 매매지수가 전세지수를 뚫고 내려가는 타이밍이 해당 지역 최적의 매수
  타이밍

4차 필터링: 지역 간 비교

- **입지 가치 대비 순간적으로 저평가된 아파트 찾기**
- 비슷한 입지의 아파트끼리 가격을 비교하여 저평가 여부를 판단한다.

– 과거 가격의 흐름이 비슷했던 기간이 길면 길수록 현재 가격이 수렴할
  확률이 높다.

5차 필터링: 가격과 분위지도

• 가격은 모든 걸 반영하고 있다.
– 가격이 비싼 아파트들이 모여있는 지역을 가격순으로 정리한다.

6차 필터링: 학군과 상권

• 학군지 파악은 학원가+학업성취도 우수 중학교로 판단한다.
– 학원가가 있고, 지역 내 1~3위 중학교가 있으면 그곳이 메인 타깃
• 상권 밀집지역이 선호도가 높을 가능성이 크다.
– 상권은 선호 상권(마트, 병원, 은행, 공원 등)이 많고,
– 비선호 상권(유흥시설, 모텔 등)이 없는 곳을 선택한다.

7차 필터링: 내 투자금에 맞는 물건 찾기

• 본인 투자금에 맞는 물건 리스트 정리
– 내 투자금으로 가능한 단지 위주로 임장한다.

BONUS TIP 1

연식에 따른
적정 가격 차이 계산법

　신축과 구축의 입지가 같다는 가정하에, 어느 정도 가격 차이가 나면 적당할까요? 투자자는 이 물음에 대한 답을 반드시 할 수 있어야 합니다. 물론 수학적인 계산으로 딱딱 떨어지는 것은 아닙니다. 왜냐하면 입지에 대한 기준도 다르고, 수학 공식에 의해 아파트 가격이 산정되는 것도 아니기 때문이죠. 감으로만 투자할 수 없으니 연식에 따른 적정 가격 차이 계산법이 있다면 조금 더 과학적인 투자가 가능합니다.

> 연수 차이(신축 − 구축)*3%=적정 가격 차이

　여기서 나온 3%는 20년 동안의 물가상승률 평균(2.2%)+신축 프리미엄(0.8%)으로 계산한 저만의 방법입니다만, 꽤 유의미한 정확성을 보이고 있습니다.

예 1) 군산 수송세영리첼
　21년 5월 기준 가격입니다. 군산의 신축 디오션시티(18년식)의 가격은 84㎡ 기준 52,500만 원입니다. 군산의 구축 수송세영리첼(10년식)의 가격은 84㎡ 기준 34,300만 원입니다. 이 두 아파트의 적정 가격 차이를 위 계산식으로 계산해보겠습니다. (18년−10년)*3%=24%가 나옵니다. 이 결과는 입지가 같다는 가정하에 신축아파트보다 구축이 24% 정도 저렴해야 한다는 이야기입니다.
　여기서 가장 중요한 것은 2개 아파트의 입지가 같다는 가정입니다. 개인적으로 입지 자체는 수송동이 우수하다고 생각하지만 조촌동의 성장 가능성 때문에 입지가 같다고 가정했습니다. 그렇다면 수송세영리첼의 적정 시세는 52,500만 원의 76%인 39,900만 원이 되어야 한다는 예측이 가능합니다. 현재 수송세영리첼의 가격은 34,300만 원이니 아직 더 오를 수 있다는 계산이 나옵니다. 여기서 중요한 것은 디오션시티의 가격이 적정한가를 먼저 판단해야 한다는 것인데, 이것은 다른 지역과의 비교평가를 통해 가능하고, 저는 디오션시티 또한 다른 지역에 비해 저평가되었다고 판단했습니다. 결과적으로 만약 디오션시티가 더 오른다면 수송세영리첼도 더 오를 수 있다는 계산이 서는 것이죠.

예 2) 목포 오룡지구 모아엘가

다른 지역의 예를 들어보겠습니다. 목포의 경우 오룡지구의 20년식 푸르지오는 38,500만 원인데, 10년식 모아엘가는 32,000만 원입니다. (20년–10년)*3%=30%, 즉 38,500만 원의 70% 수준인 26,950만 원이 적정 시세로 나오니 목포의 경우는 신축이 저평가되었다고 볼 수 있습니다. 기준값은 항상 더 신축인 아파트로 잡아야 합니다. 왜냐하면 신축아파트는 구축보다 먼저 움직이는 선행지수가 되기 때문입니다. 이 공식은 수학 공식처럼 딱 맞아떨어지지는 않지만 '투자할 때 연식의 차이에 따른 가격 차이가 어느 정도여야 적정할까?'에 대한 기준점을 만드는 데는 도움이 될 것입니다.

BONUS TIP 2
가격이 아닌
비율로 상승을 계산하라

　많은 사람이 가격이 얼마가 올랐는지에 집중합니다. 예를 들어 4억짜리 아파트가 4억 2천만 원이 되면, 3억짜리 아파트도 2천만 원은 올라줘야 한다고 생각하는 것이죠. 잘못된 생각입니다. 왜냐하면 가격은 절대 금액만큼 올라가는 것이 아니라 비율대로 올라가기 때문입니다.

　'얼마가 올랐는지를 확인하지 말고, 몇 프로가 올랐는지를 확인하라.'

　지금 여유가 있다면 1~4차 필터링을 통해 향후 오를 지역의 1급지 대장아파트를 선택하는 것이 가장 쉽고 좋은 방법입니다. 하지만 대장아파트의 경우 당연히 비싸고 갭이 큽니다. 게다가 우리가 보는 시점에서는 이미 올랐을 확률이 높죠. 그러니 우리는 대장아파트를 따라 올라갈 2~3급지 아파트를 올라가는 길목에서 미리 선점하고 기다리는 전략을 취해야 합니다. 이번 보너스 팁은 이런 하급지 아파트들이 향후 얼마나 더 올라갈 수 있는지를 예측할 때 유용하게 사용할 수 있는 방법입니다. 이것이 가능한 이유는 앞서 설명한 것처럼 모든 지역이 급지가 높은 곳에서 낮은 곳으로 가격이 파도를 치며 흘러가기 때문이죠. 예를 들어보겠습니다.

왼쪽 그림은 천안 신불당 불당지웰더샵(상급지), 오른쪽이 구불당 불당아이파크(하급지) 입니다. 단순히 오른 가격만 보면 3억 8천과 2억인데, 이 차이가 적정한지를 직관적으로 알기는 어렵습니다. 하지만 비율로 본다면 불당아이파크가 저평가되었을 확률이 낮다는 것을 바로 알 수 있죠. 일반적으로 상급지나 신축아파트의 상승률이 크기 때문입니다. 다음 예시를 보면 확실하게 비교할 수 있습니다.

왼쪽 그림은 똑같이 신불당의 불당지웰더샵(상급지), 오른쪽은 구불당에 있는 대동다숲(하급지)이라는 아파트입니다. 상급지가 68% 올랐을 때 하급지는 40%밖에 오르지 못했기 때문에, 대동다숲이 갭메우기를 하며 50%대나 60%대까지는 충분히 상승하리라 예측할 수 있습니다.

관심 있는 아파트를 상급지에 있는 아파트와 '상승의 비율'로 비교하는 습관을 들이고 지속적으로 확인한다면, 가격의 흐름이 어디로 이동할지 예측하는 갭메우기에 대해 자연스럽게 공부가 될 것입니다.

CHAPTER 3~5
- 전국 저평가 단지 분석 -

* 이번 장에 나오는 모든 가격은 21년 5~6월 '호갱노노' 사이트를 참고한 1개월 실거래 평균가 기준입니다.

* 각 단계에서 사용한 자료의 출처는 다음과 같습니다. 각 사이트 이용법은 Chapter 1에서, 각 단계에 대한 자세한 설명은 Chapter 2를 참고하세요.
  1차 필터링: 인구수/세대수 – 부동산지인
  2차 필터링: 수요와 공급 – 부동산지인
  3차 필터링: 매매/전세지수 분석 – 아실
  4차 필터링: 지역 간 비교 – 호갱노노, 아실

Chapter 3~5는 필자가 지난 5월부터 부동산스터디 카페에 올린 글을 그대로 가져왔다. 책을 집필하면서 업데이트를 고려했지만 지역을 찍어서 투기를 조장한다는 오해의 소지를 없애고, 해당 단지의 현재 가격을 확인하면 이 분석 방법의 신뢰도를 높일 수 있겠다는 판단으로 그냥 과거의 글을 그대로 가져왔다. 이 책이 나올 시점이면 언급된 아파트들은 더 많이 올랐을 테니 저평가가 아닐 수 있다. 중요한 것은 어떤 단지를 언급했는지가 아니라, 그 단지를 '왜' 언급했는지다. 해당 단지가 왜 올랐는지 '이유'를 스스로 분석하고 이해할 수 있어야 향후 저평가된 단지를 찾을 수 있을 것이기 때문이다. '이유'에 초점을 맞추자.

전국 저평가 단지 분석
– 2억 이하

CHAPTER

2억 이하의 포인트는 공시가 1억인 단지들이다. 시가 1억 5천 이하면 공시가 1억 이하일 확률이 높다. 공시가격은 단지와 층마다 차이가 나기 때문에 반드시 개별 호수의 공시가를 미리 확인해야 한다. 공시가 1억 이하 단지들은 취득세가 중과되지 않아 다주택자와 법인 투자자들의 타깃이 되고 있다.

　　이러한 이유로 전국의 저층 주공아파트를 포함한 공시가 1억 이하 단지가 최근 많이 상승했고, 현재 시장에 남은 물건들은 저평가보다는 저가치에 가까울 확률이 높다. 공시가 1억이 넘는데 외면받고 있다면 가치 대비 상승하지 못한 탓에 1억 이하와의 갭이 좁다. 이번 장에서는 공시가가 아니라 실거주 가치로 향후 상승 가능성이 큰 단지들을 분석하고자 한다. 관점을 전환한다면 새로운 투자처가 보일 것이다.

평택시
23평 아파트

평택 비전동 태산그린아파트
(23평/94년식/516세대)

매매가 **15,879만 원**

전세가 **14,000만 원**

갭(투자금) **약 2,000만 원**

1차 필터링(인구)

평택은 인구 55만의 도시고, 계속 인구가 늘고 있다는 큰 장점이 있습니다. 지역의 인구가 늘고 있다는 것은 그만큼 기본수요가 탄탄해지고 있다는 뜻인데, 평택의 경우 삼성이라는 든든한 산이 있기 때문에 향후 수요가 계속 증가할 수 있는 지역입니다.

▫ 인구수 변화 추이

▫ 세대수 변화 추이

2차 필터링(수요와 공급)

수요는 미분양과 청약경쟁률로 볼 수 있는데, 미분양 추이만 봐도 충분하다고 설명했습니다. 보는 대로 평택의 미분양은 현재 제로에 가깝습니다. 향후 미분양이 늘어날지 줄어들지는 공급(입주물량)을 보면 됩니다.

22년까지는 꽤 많은 입주물량이지만 그 이후에는 확연히 줄어드는 모습이고, 많이들 알고 있는 것처럼 예정된 입주물량 자체가 지제역과 고덕신도시에 몰려있기 때문에 이 지역이 미분양이 날 확률은 매우 낮다고 판단합니다. 지제와 고덕이 선호되는 입지이기 때문에 그렇죠. 향후 미분양이 증가하지 않는다면 평택의 가격이 내릴 확률은 매우 낮습니다.

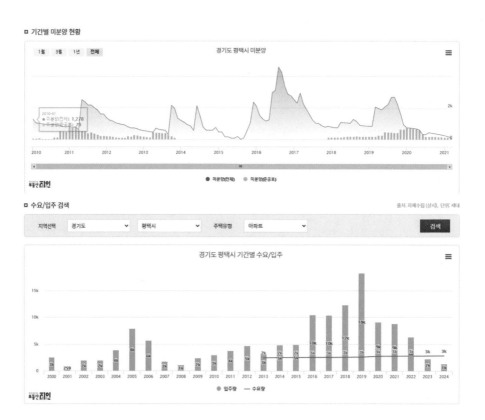

3차 필터링(매매/전세지수 분석)

　제가 좋아하는 모양의 그래프입니다. 전세지수가 매매지수를 상회하여 치고 올라가고 있는 그래프죠. 매매지수도 최근 많이 상승했지만 전세지수를 따라잡지는 못하고 있고, 상승장에서는 최소한 전세지수 위로는 무조건 올라가게 되어 있습니다. 게다가 저 매매지수의 상승은 구축단지가 이끄는 것이 아니라, 평택의 수많은 신축과 준신축들이 올려놓은 것이기 때문에 아직 구축에 기회가 있다고 생각합니다. 물론 이 점이 위험요인이 될 수도 있는데, 이는 SWOT 분석에서 풀어보겠습니다.

4차 필터링(지역 간 비교)

지역 간 비교는 최대한 많은 단지를 비교할수록 정확해지는데, 여기서는 편의상 3개 단지만 비교해보겠습니다. 저점 대비 많이 상승했다고도 볼 수 있지만, 다른 단지들과의 비교한 결과 향후 3천~5천 정도는 추가 상승여력이 있다고 판단됩니다.

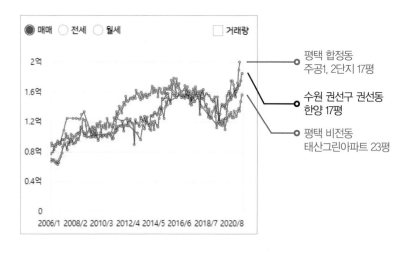

분석으로
한눈에 파악하기

S

Strengths 강점

···→ 갭메우기+학군+초품아+상권

앞에서 언급했던 대로 평택은 사이클상 향후 상승여력이 많은 지역입니다. 신축들이 갭을 많이 벌리며 앞서 치고 나갔기 때문에 향후 구축들이 갭을 메울 가능성이 크죠. 여기에 태산아파트는 신한중, 한광중, 비전중을 보낼 수 있는 학군입니다. 학군 만족도가 아주 뛰어나지는 않지만 괜찮은 지역이라고 볼 수 있습니다. 덕동초를 품고 있는 초품아라는 것도 큰 장점입니다. 더불어 효성아파트 사거리 쪽으로 도보 10~15분이면 상권을 이용할 수 있다는 장점까지 있습니다.

W

Weaknesses 약점

···→ 연식+주변 신축+규제지역

연식이 오래된 점이 가장 큰 약점입니다. 연식이 오래됐다는 것에는 주차문제, 층간소음, 인프라 부족 등 많은 것이 포함되어 있습니다. 여기에 주변 신축이 너무 많고, 앞으로도 지을 땅이 많다는 것 자체가 약점이면서 위험요인입니다. 갭은 메우겠지만, 오르는 정도가 기대보다 못 할 수도 있다는 우려가 있습니다. 규제지역은 비과세를 위해서 2년 실거주 해야 한다는 단점도 있습니다. 취득세는 아직 공시가 1억 이하이기 때문에 상관없습니다.

O

Opportunities 기회

···→ 재건축 or 리모델링

재건축은 힘들어 보입니다. 된다고 하더라도 10년은 봐야 할 것 같고, 만약 추진한다면 리모델링이 그나마 가능성이 있는데 이마저도 어렵다는 게 개인적인 판단입니다. 하지만 재건축이나 리모델링 중 하나의 이슈만 터져도 가격 상승폭이 훨씬 더 커질 것입니다.

T

Threats 위협

···→ 공시가격 1억 초과

공시가격 1억이 초과할 경우 투자수요는 거의 없다고 보는 것이 맞습니다. 그렇다면 실수요자들이 선택해야 하는데, 연식이 오래되다 보니 그 수요에도 한계가 있습니다. 적기에 매도할 수 없을지도 모른다는 뜻이며, 원하는 타이밍에 팔지 못한다면 어쩔 수 없이 매도가를 낮춰야 하니 그다지 메리트가 없죠. 또 이 주택으로 다른 주택 양도세도 영향을 받기 때문에(양도세 중과) 공시가 1억 이하에 접근할 때는 항상 신중해야 합니다.

02

청주시
26평 아파트

청주 산남동 유승한내들
(26평/07년식/464세대)

매매가 **18,900만 원**

전세가 **17,825만 원**

갭(투자금) **약 1,000만 원**

1차 필터링(인구)

　청주는 지방 중소도시 가운데 드물게 인구수가 꾸준히 늘고 있는 지역입니다. 하이닉스와 관련 기업들의 일자리 수요가 풍부하니 앞으로도 수요가 계속 늘어날 수 있을 것입니다.

▣ 인구수 변화 추이

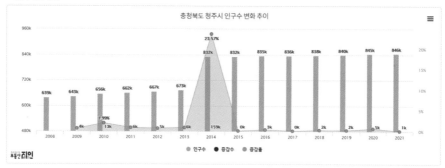

▣ 세대수 변화 추이

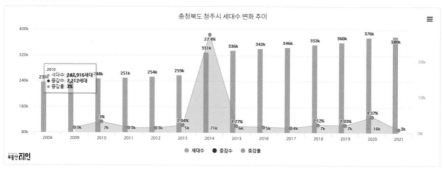

2차 필터링(수요와 공급)

　놀랍게도 청주는 미분양이 전혀 없습니다. 이전 장에서도 말했지만 청주는 광속기 때문에 오른 게 아니라 오를 타이밍이 되어서 사이클에 맞춰 상승한 것입니다. 광속기 호재가 투자에 불을 붙인 것뿐이니 제대로 판단해야 합니다.

　향후 입주물량이 적지는 않지만 충분히 소화 가능해 보입니다. 저 물량들이 다 소화되고 현재 미분양 수준을 유지한다면 청주는 향후 2~3년간 하락할 이유가 없습니다.

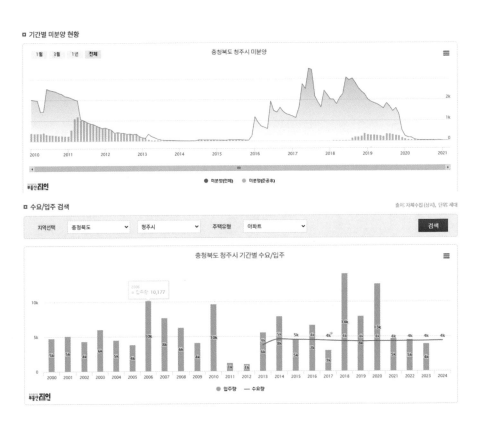

3차 필터링(매매/전세지수 분석)

　　왼쪽 그림은 흥덕구, 오른쪽은 서원구입니다. 흥덕구보다 서원구는 상당히 덜 오른 모습이죠? 청주가 급격하게 올랐던 것은 복대동과 가경동 쪽 신축, 준신축 아파트의 영향이 컸는데, 청주 전체가 규제지역으로 지정되면서 상승 중이던 서원구 역시 직격탄을 맞고 상승의 흐름이 굉장히 더뎌졌습니다. 그래서 서원구 쪽에 조금 더 기회가 있다고 봅니다.

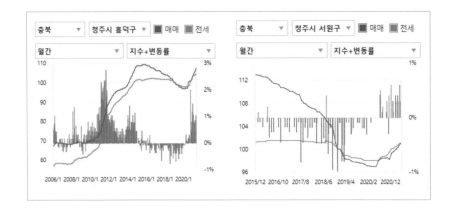

4차 필터링(지역 간 비교)

본래 가치로 봤을 때 최소 2.3억~최대 3.5억 정도까지의 가격대를 형성할 수 있는 아파트라고 생각합니다. 하지만 현재 1.9억 정도의 시세라서 향후 상승 가능성이 매우 크다고 보고 있습니다.

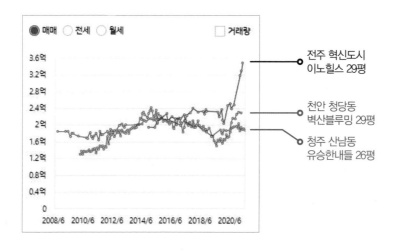

S·W·O·T 분석으로
한눈에 파악하기

S

Strengths 강점

···▶ 연식+학군+상권+전세수요

청주에서 2억 이하로 구매할 수 있으면서, 연식이 07년식이라면 굉장히 좋은 조건이라고 생각합니다. 여기에 산남동 자체의 학군도 괜찮고, 학원가 및 상권도 잘 형성되어 있다는 것도 장점입니다. 산남초, 산남중을 퀸덤아파트를 가로질러 갈 수 있어서 더 좋은데, 학교 가는 길이 소풍 가는 길처럼 되어 있어서 안전하고 쾌적합니다. 이러한 이유로 전세수요 역시 꾸준합니다.

W

Weaknesses 약점

···▶ 공시가+규제지역

청주의 경우 이번에 공시가가 많이 오르면서 유승한내들도 공시가격이 1억을 넘었습니다. 공시가 1억을 넘었다는 것은 투자수요보다는 실수요자 위주로 시장이 재편되었다는 뜻이고, 그만큼 수요는 줄어들었다고 보는 것이 맞습니다. 여기에 규제지역이라는 단점까지 있어 투자수요 진입은 더욱 힘든 상황입니다.

Opportunities 기회

···▶ 규제지역 해제

만약 청주가 규제지역에서 해제된다면 청주는 전국 1위 상승률을 기록할 힘을 가진 도시입니다. 여기에 상대적으로 저평가된 산남동 같은 곳은 상승 여지가 매우 높다고 예상합니다.

Threats 위협

···▶ 없음

어쩌면 이게 가장 큰 장점이 될 수도 있겠습니다. 이미 맞을 만한 건 다 맞았기 때문에, 여기에서 더 떨어질 일은 없습니다. 얼마나 올라갈 수 있느냐의 싸움에서 앞에 언급한 기회요인만 터져준다면 큰 수익이 날 수 있을 만한 단지입니다.

03

원주시
25평 아파트

원주 무실동 주공3단지
(25평/03년식/966세대)

매매가 **17,550만 원**

전세가 **13,833만 원**

갭(투자금) **약 4,000만 원**

1차 필터링(인구)

원주도 인구가 늘고 있는 좋은 지역입니다. 혁신도시도 있고, 기업도시도 있는 약간 특이한 곳인데 어쨌든 수요가 늘고 있다는 것은 그 지역의 큰 강점입니다.

□ 인구수 변화 추이

□ 세대수 변화 추이

2차 필터링(수요와 공급)

　원주의 미분양이 전혀 없는 상태는 아니지만 거의 없다고 봐도 무방합니다. 향후 미분양이 터질 가능성 역시 앞으로 들어올 입주물량이 적은 걸 보면 극히 낮다고 보는 게 맞을 것 같습니다.

3차 필터링(매매/전세지수 분석)

원주는 이제 막 상승 전환을 시작했기 때문에 향후 2~3년간의 상승여력이 충분한 도시입니다. 전세지수가 하락을 멈추고 횡보를 시작한 시점, 그리고 매매지수가 전세지수를 뚫고 내려갔던 19년이 진입하기 가장 좋았던 시기였지만 지금도 2~3급지는 늦지 않았습니다.

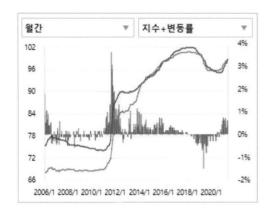

4차 필터링(지역 간 비교)

　파란색인 원동주공처럼 1억 이하 재건축 이슈가 있는 아파트들이 이미 턱밑까지 따라온 상황입니다. 재건축 이슈가 있는 원동주공의 가격이 더 상승할 가능성이 있지만, 본래 가치는 무실주공3단지가 입지적으로 더 좋은 아파트입니다. 결국 원동주공이 상승한 만큼은 올라갈 수 있을 거로 생각합니다. 입지로 보면 춘천 후평동에 비해 원주 무실동이 전혀 밀릴 게 없습니다. 브랜드 대단지라는 장점이 있지만, 원주 무실동이 입지적으로 뒤처진다고 생각하지 않습니다. 따라서 입지 가치에 따라 검은색 그래프를 따라잡거나 역전할 가능성도 충분하다고 보고 있습니다.

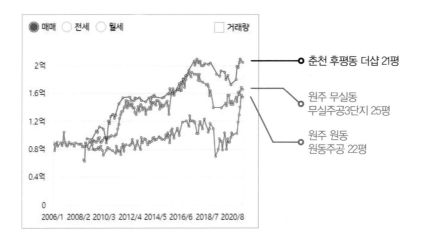

분석으로 한눈에 파악하기

S

Strengths 강점

···→ 입지+탄탄한 전세수요

원주 무실동은 누가 뭐래도 원주에서 가장 입지가 좋은 곳입니다. 여러 약점이 있지만 결국은 입지 가치에 따라 가격은 올라갈 것으로 보고 있습니다. 입지가 좋아서 전세수요는 상당히 탄탄하고, 향후 입주물량이 적기 때문에 전세가격이 오른다면, 이것이 매매가를 끌어올릴 수 있다고 판단합니다.

W

Weaknesses 약점

···→ 휴먼시아+높은 용적률

우선 휴먼시아라는 가장 큰 약점이 있고, 재건축이 어려운 용적률이라는 단점도 있습니다. 다른 호재 없이 지역 사이클에 의한 상승과 입지 가치 프리미엄에만 의존해야 한다는 게 어렵습니다.

O

Opportunities 기회

···→ 비규제지역+상대적 저평가

원주는 비규제지역이고, 주공3단지의 경우 재건축을 노리고 투자하는 수요는 거의 없다고 봐도 무방합니다. 때문에 원동주공 같은 아파트의 가격이 많이 오를 때 주공3단지는 덜 올랐다는 장점이 있습니다. 전세수요가 탄탄해서 공시가가 1억이 넘더라도 충분히 받아줄 수요가 있다는 것은 다른 1억 이하 주택이 가지지 못한 장점입니다.

T

Threats 위협

···→ 규제지역 지정

가능성은 작지만 혹시 원주가 규제지역으로 지정된다면 큰 타격을 입게 될 겁니다. 확실히 수요가 감소할 텐데, 그렇게 되면 주공3단지처럼 연식이 애매하고 브랜드가치가 떨어지는 아파트들은 좀 더 큰 타격을 받을 수 있습니다.

04

구미시
24평 아파트

구미 봉곡동 봉곡뜨란채1단지
(24평/03년식/918세대)

매매가 13,700만 원

전세가 11,350만 원

갭(투자금) 약 2,500만 원

1차 필터링(인구)

　구미는 인구수가 줄고 있습니다. 산업이 많이 어려워지면서 인구가 빠져 나가고 있는 도시이기도 합니다. 하지만 제가 강조하는 세대수는 여전히 늘고 있고, 세대수가 늘어나는 동안까지는 부동산 가격도 물가상승률 정도 는 꾸준히 오를 거라고 예상합니다.

◘ 인구수 변화 추이

◘ 세대수 변화 추이

2차 필터링(수요와 공급)

구미의 미분양은 거의 없다고 보면 됩니다. 쌓여있던 미분양이 소진되면서 자연스럽게 상승 사이클을 탄 것이라 향후 2~3년 동안의 하락 가능성은 제로에 가깝다는 게 구미의 가장 큰 장점입니다.

입주물량을 보면 더욱더 명확해집니다. 24년까지는 상승할 가능성이 매우 큽니다.

□ 기간별 미분양 현황

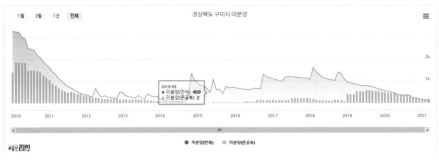

☆ 기간별 수요/입주

3차 필터링(매매/전세지수 분석)

전형적으로 하락을 마치고 이제 막 상승 전환한 그래프입니다. 앞서 설명한 것처럼 24년까지는 무난하게 매매/전세지수가 상승할 것으로 예상할 수 있습니다. 구미 진입 타이밍은 전세지수가 횡보를 시작하고, 매매지수가 전세지수를 뚫고 내려간 19년 정도였습니다. 하지만 여전히 2~3급지에는 온기가 덜 퍼진 상황이어서 충분히 기회가 있다고 봅니다.

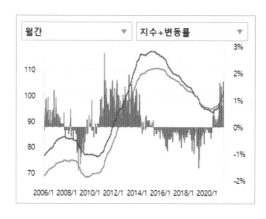

4차 필터링(지역 간 비교)

  가치가 비슷했던 다른 지역의 아파트들이 1.6억~2억 정도를 형성하고 있고, 이는 봉곡뜨란채 역시 그 정도 수준까지는 충분히 올라갈 수 있다는 방증입니다. 최근 투자금이 조금 오르긴 했지만, 물건만 잘 구한다면 적은 갭으로 5천만 원 이상의 수익을 올릴 수 있을 것으로 기대합니다.

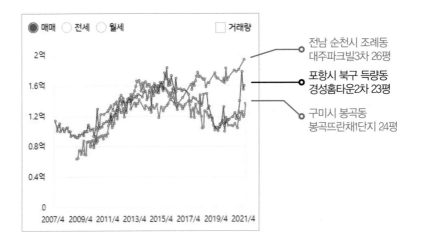

분석으로
한눈에 파악하기

S

Strengths 강점

┈⊳ 사이클+학군

구미는 다른 어떤 지역에 비해서도 하락 가능성이 낮은 지역이고, 이는 리스크가 거의 없음을 의미합니다. 투자할 때 리스크가 낮은 것은 굉장히 중요합니다. 구미 안에서 비교적 뛰어난 학군을 가지고 있는 데다가 초등학교도 바로 앞에 있고, 세대수도 꽤 많으며, 주변 아파트들과의 시너지 효과도 기대할 수 있다는 장점이 있습니다.

W

Weaknesses 약점

┈⊳ 입지+연식+상권

봉곡동은 입지적으로 아주 뛰어난 지역은 아닙니다. 특히 상권이 다소 부족하고, 연식도 꽤 오래되었기 때문에 상승폭이 제한적일 수 있습니다.

Opportunities 기회

┈⊳ 상대적 저평가

전국의 모든 재건축 이슈가 있는 1억 이하 주공아파트들과의 비교가 봉곡뜨란채의 기회요인입니다. 쉽게 설명하면 그 아파트들이 오를 때 봉곡뜨란채는 거의 오르지 않았습니다. 따라서 본래의 가치에 따라 정상적으로 상승한다면 향후 2~3년 동안 꾸준히 상승할 확률이 매우 높습니다. 이 단지는 여전히 공시가 1억 이하이기 때문에 투자수요가 붙으면서 가격이 더 상승할 수 있다는 이야기입니다.

Threats 위협

┈⊳ 없음

향후 2~3년 동안 하락 가능성은 거의 없다고 생각합니다. 다만 매도 시점을 언제로 잡는지가 중요하고, 예상 수익을 어느 정도로 잡느냐에 따라 수익률에 큰 차이가 날 수 있을 것 같습니다.

CHAPTER 3
전국 저평가 단지 분석 – 2억 이하

목포시
34평 아파트

목포 남악신도시아이파크
(34평/07년식/581세대)

매매가 **19,525만 원**

전세가 **15,000만 원**

갭(투자금) **약 5,000만 원**

1차 필터링(인구)

    목포만 보면 인구수가 상당히 많이 줄어든 것처럼 보이지만 사실 무안군 (남악신도시)으로 많이 넘어가고 있기 때문에 목포는 무안군과 같이 보는 것이 좋습니다. 그러나 인구수가 줄어들고 있는 것은 사실이라 이것이 목포의 향후 상승에 제한요인이 될 수 있습니다.

▫ 인구수 변화 추이

▫ 인구수 변화 추이

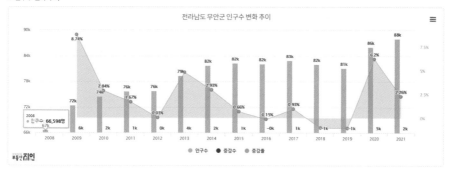

2차 필터링(수요와 공급)

목포는 미분양이 많지 않지만 적은 것도 아닙니다. 수요가 비교적 탄탄하지 못하기 때문에 저 정도 미분양에도 가격 상승에 큰 제약이 있는 것이 사실입니다. 그러나 목포와 무안의 향후 입주물량이 많지 않으니 향후 상승여력은 충분합니다.

▣ 기간별 미분양 현황

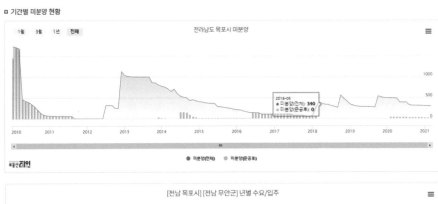

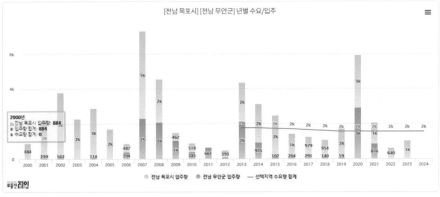

3차 필터링(매매/전세지수 분석)

목포를 임장해보면 알겠지만, 굉장히 오랫동안 전세가가 상승하지 못하고 지지부진한 모습을 보이고 있습니다. 지역의 특성처럼 보이기도 하는데, 전세가가 꾸준히 올라주지 않으면 매매가의 상승에도 부정적인 영향을 끼칠 확률이 높습니다.

이런 분위기 탓인지 매매지수가 아직도 떨어지고 있는 전국에서 유일한 도시입니다. 이 말을 거꾸로 해석하면 전세지수가 하락을 멈추고 횡보한다면 곧 매매지수도 상승으로 전환할 수 있다는 뜻이기도 합니다. 이미 목포(남악신도시)의 1급지는 상승을 시작했습니다.

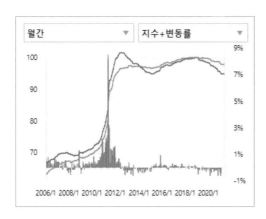

4차 필터링(지역 간 비교)

　지역 간 비교에서 전국에서 가장 저평가로 나오는 것이 바로 목포의 아파트들입니다. 가격대가 비슷했던 수송세영리첼은 3억, 순천두산위브는 4억을 넘었습니다. 과연 목포 남악신도시아이파크는 어디까지 갈 수 있을까요? 개인적으로 수송세영리첼도 추가 상승여력이 충분하니, 남악아이파크도 3억은 넘길 수 있다고 생각합니다.

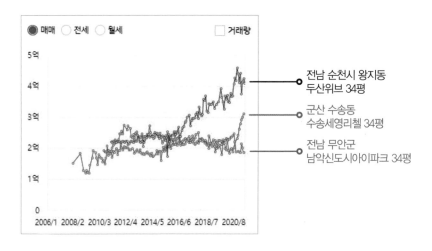

SWOT 분석으로
한눈에 파악하기

S

Strengths 강점

···➤ 입지+브랜드

남악신도시아이파크는 남악신도시 안에서도 가장 좋은 입지 안에 있는 아파트입니다. 오래되긴 했지만 '아이파크'라는 브랜드도 달고 있습니다. 실제로 임장해보면 옛날 현대 느낌이 강하긴 합니다.

W

Weaknesses 약점

···➤ 평형+연식+갭가격

지방 도시들 대부분이 대형평형을 선호하는데 목포 역시 마찬가지입니다. 어쩌면 가장 큰 평수를 선호하는 지역일 수도 있겠습니다. 그래서 34평 단일평형이라는 점은 아이파크의 가장 큰 단점입니다. 연식도 비교적 오래됐기 때문에, 오룡지구를 포함해 남악신도시에 생기고 있는 다른 신축들이 다 오르고 난 후에야 상승을 시작할 것입니다. 상당한 시간이 필요할 수도 있겠죠? 목포가 저렴하다는 확신은 있지만 생각보다 갭이 큽니다.

O

Opportunities 기회

···➤ 전국에서 가장 저렴함

완전히 작은 소도시를 제외하면 전국에서 대장아파트 평단가가 1,000만 원밖에 안 되는 지역은 목포가 거의 유일합니다. 즉 가장 저렴하다는 뜻입니다. 이 말은 목포의 가격도 이제 오를 때가 됐다는 의미일 수 있고, 지역이 상승 사이클을 탄다면 당연히 모든 아파트가 이 흐름을 타고 올라갈 것입니다. 아이러니하게도 이 가격보다 더 내려갈 일이 없다는 게 아주 큰 장점이네요.

T

Threats 위협

···➤ 신규 입주물량

확정된 입주물량은 상당히 적은 수치로 확인되지만, 아직 오룡지구 쪽에 지을 수 있는 땅도 많고 실제로 개발계획 중인 곳들도 있습니다. 이것이 한꺼번에 튀어나온다면 상대적으로 연식이 안 좋은 아이파크의 경우 타격을 입을 수 있습니다.

전국 저평가 단지 분석
- 3억 이하

CHAPTER

2억 이하의 포인트가 '공시가 1억 이하 + 풍선효과로 인한 저평가' 단지였다면, 3억 이하의 포인트는 '입지 대비 저평가'다. 말 그대로 실거주 가치가 뛰어나 매매/전세 수요 모두 꾸준하지만, 입지 가치가 비슷한 다른 곳만큼 상승하지는 못한 단지들이다.

　　3억 언저리의 입지는 모든 게 완벽하진 않아도, 특정 수요층에는 충분히 매력적으로 다가올 매수 포인트를 가졌을 것이다. 그래서 장단점을 객관적으로 파악하는 게 굉장히 중요하다. 내가 아니라 3억 이하 아파트를 선택할 수밖에 없는 사람의 관점에서 이해한다면 전국의 수많은 선택지가 눈 앞에 펼쳐질 것이다.

인천시
21평 아파트

인천시 남동구 논현동 주공13단지
(21평/06년식/785세대)

매매가 **28,000만 원**

전세가 **20,750만 원**

갭(투자금) **약 7,000만 원**

1차 필터링(인구)

사실 인천은 인구수를 분석하는 게 큰 의미가 있다고 생각하진 않습니다. 어차피 서울/경기/인천은 같은 사이클로 움직이고, 순환 사이클에 따라 갭메우기를 하면서 장기 우상향하기 때문입니다.

□ 인구수 변화 추이

□ 세대수 변화 추이

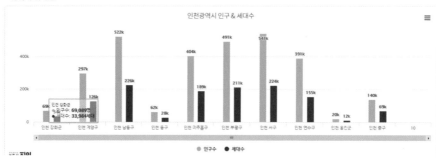

논현주공13단지의 경우 남동구에 위치하며, 남동구는 인천에서도 수요가 가장 많은 곳임을 알 수 있습니다. 물론 송도, 검단을 포함해 인천은 개발할 땅이 많아 계속 바뀔 거라는 의견에도 동의합니다.

2차 필터링(수요와 공급)

서울/수도권의 수급이 얼마나 무너졌는지를 가장 잘 보여주는 곳이 인천입니다. 사실 인천은 경기가 조금만 꺾여도 바로 미분양이 날 수 있는 곳입니다. 워낙 땅이 넓고, 지을 곳도 많아 입지가 조금이라도 안 좋으면 언제든 미분양이 날 수 있거든요. 그러나 현재 인천에는 미분양이 없습니다. 얼마나 분위기가 뜨거운지 알 수 있는 부분입니다. 항상 갭메우기의 마지막을 장식했던 인천의 수요가 이렇게 뜨겁다는 건 당분간은 상승여력이 충분하고, 만약 서울이 다시 한번 상승을 보여준다면 인천 또한 시차를 두고 더 갈 수 있음을 예측할 수 있습니다.

사실 인천의 입주물량만 보는 게 큰 의미가 있는 것은 아니지만 어쨌든 상당한 물량입니다. 그동안 인천이 기대만큼 상승하지 못한 이유 역시 항상 공급이 너무 많았기 때문입니다. '소화시키고 미분양 나고, 소화시키고 미분양 나고'를 반복하고 있죠.

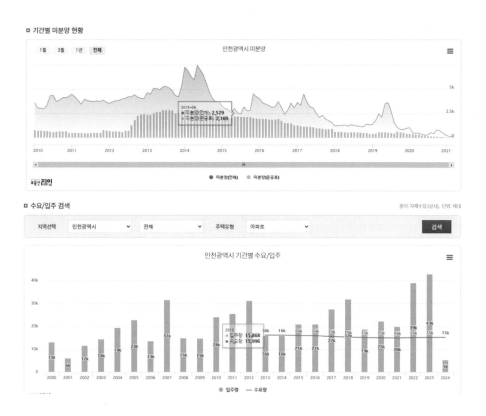

21년에는 서구에, 22년에는 부평구와 서구에, 23년에는 미추홀구/연수구/부평구/서구에 입주물량이 몰려있습니다. 만약 서울/수도권의 분위기가 23년 전에 꺾인다면 조정받을 수도 있는 과한 입주물량입니다. 하지만 서울/수도권이 23년 정도까지는 무난히 상승할 거라고 예상하기 때문에, 이 물량도 과한 미분양 없이 소화할 수 있지 않을까 조심스레 예측해봅니다.

구분(지역)	2022 아파트			2023 아파트		
	수요량	입주량	범례	수요량	입주량	범례
인천	14,964	39,082	과잉	15,063	42,783	과잉
중구	714	3,965	과잉	719	2,049	과잉
동구	313	0	부족	315	0	부족
미추홀구	2,062	4,288	과잉	2,076	8,712	과잉
연수구	1,992	752	부족	2,005	6,437	과잉
남동구	2,657	120	부족	2,674	674	부족
부평구	2,500	10,671	과잉	2,517	9,299	과잉
계양구	1,511	0	부족	1,521	546	부족
서구	2,759	19,286	과잉	2,777	15,066	과잉
강화군	353	0	부족	355	0	부족
옹진군	104	0	부족	104	0	부족

(출처 부동산지인)

3차 필터링(매매/전세지수 분석)

서울/수도권의 하락장 때 가장 크게 조정받은 지역 중 하나가 인천인데, 재밌게도 19년까지는 상승폭이 크지 않았습니다. 이것은 2가지 의미가 있습니다.

첫 번째, 인천은 늦게 갭메우기를 시작했으니 더 오를 수 있다.

두 번째, 인천 내에서도 아직 덜 오른 곳은 반드시 존재한다.

이런 이유로 제가 고른 논현주공13단지 역시 아직 덜 올라서 충분히 추가 상승여력이 있다고 보는 것입니다. 수도권에서 3억으로 20평대 아파트를 구하는 것은 생각보다 어렵습니다. 얼마 남지 않았죠.

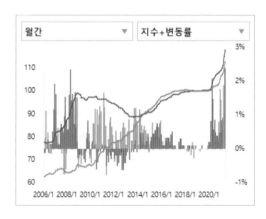

4차 필터링(지역 간 비교)

　물론 지금도 논현주공13단지 매매가는 3억이 간당간당하고 로얼층이라면 3억 이상이지만, 아직은 물건만 잘 고르면 3억 이하 매수도 가능할 것으로 보입니다. 그동안 비슷한 흐름을 보였던 2개 아파트 모두 3.6억 정도를 형성하고 있으니 향후 단기간 내 6천 정도의 상승은 기대할 만합니다. 만약 안산과 수원의 아파트가 추가 상승한다면 논현주공13단지 또한 따라갈 수 있는 여력은 충분합니다. 3개 단지 중에 오히려 연식은 제일 좋으니 비교평가 결과 지금처럼 벌어져 있을 이유가 없습니다.

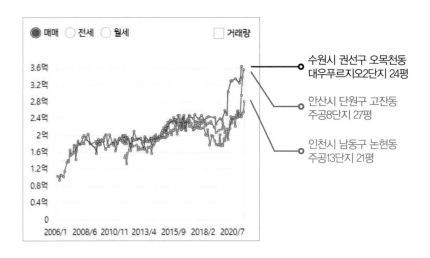

분석으로 한눈에 파악하기

S

Strengths 강점

···▶ 갭메우기+연식+초품아+
학원가+자연환경

인천은 수도권에서 흐름이 가장 늦게 오는 곳 중 하나입니다. 남동구 논현동도 늦은 편인데, 이것이 현재는 장점으로 작용합니다. 연식도 06년식이면 괜찮고, 장도초를 품고 있죠. 논현중도 나름 선호되는 중학교인데다 논현동 학원가도 나쁘지 않아서 애들 키우기에는 충분한 환경입니다. 도보로는 좀 멀지만 셔틀이 있으니 큰 문제는 없습니다. 오봉산과 생태공원에 산책이나 운동하는 사람들이 많아서 이 또한 장점입니다.

W

Weaknesses 약점

···▶ 주공아파트+높은 용적률+
역과의 거리+공단

주공아파트인데다 용적률이 높습니다. 연식은 오래될수록 좋지 않은데, 특히 인천처럼 공급과 신축이 많은 곳에서는 더 그렇죠. 논현동이 압도적인 입지를 가진 곳도 아니라서 가격 상승에 한계가 있습니다. 역과의 거리도 단점입니다. 도보로 15~20분 정도 걸리는데, 수인분당선을 타고 서울 일자리에 접근하기에는 다소 먼 편입니다. 공단은 사실 꽤 치명적인 단점이라고 생각하지만 논란의 여지가 있으니 넘어가도록 하겠습니다.

O

Opportunities 기회

···▶ 월판선, 소래 IC 등 호재 多

하지만 월판선이 개통되고, 소래 IC가 착공에 들어간다면 교통이 한 단계 업그레이드 될 것입니다. 물론 월판선 도보권은 아니지만 월판선을 통해 여러 일자리로의 접근성이 좋아질 것이라 주민들은 하루라도 빨리 월판선이 완공되기를 바라고 있습니다.

T

Threats 위협

···▶ 입주물량

인천의 최대 위험요인입니다. 현재 많이 짓고 있는데도 여전히 지을 땅이 많고, 재개발/재건축 여력도 충분합니다. 상황이 이러니 점점 낡아가는 15년 차 구축아파트의 메리트는 점점 떨어질 수밖에 없습니다. 그렇긴 하지만 저평가 논리에 의해, 갭메우기에 의해, 순환 사이클에 의해 논현주공13단지도 올라갈 것이라고 예상합니다. 3억이면 굉장히 저렴한 편이고, 정말 입지가 별로인 수도권 아파트도 3억은 쉽게 넘기니까요.

천안시
22평 아파트

천안 서북구 두정동 두정역효성해링턴플레이스
(22평/20년식/2,586세대)

매매가 **26,500만 원**

전세가 **23,500만 원**

갭(투자금) **약 3,000만 원**

1차 필터링(인구)

천안은 워낙 수요가 탄탄한 지역입니다. 천안은 아산과 수요를 같이 봐야 한다고 계속 말했죠? 천안+아산의 인구수는 96만 명으로 창원 다음으로 많습니다. 천안은 항상 아산과 같은 생활권이라고 생각하고, 같이 보는 습관을 길러야 합니다.

◻ 인구수 변화 추이

◻ 세대수 변화 추이

'아산' 하면 빼놓을 수 없는 것이 삼성입니다. 좋은 기업의 유무는 도시 성장성과 인구 유입에 굉장히 중요한 변수죠. 그런 면에서 아산은 청주(하이닉스)와 함께 지속적으로 인구수와 세대수가 증가할 확률이 매우 높은 지역입니다. 더구나 대부분이 생산가능인구라서 소비 진작 → 상권 활성화 → 지역 경제 활성화 → 집값 상승까지 이어지는 선순환 구조가 예상됩니다.

여기에 서울과의 심리적 거리가 가깝다는 장점도 있습니다. 수서역에서 천안아산역까지 SRT를 이용하면 27분이면 됩니다. 서울 중심부에서 웬만한 경기도 지역을 이동하는 것보다 훨씬 가깝죠. 서울과의 심리적 거리가 가까운 것은 실수요뿐만 아니라 투자 수요에도 중요한 요소입니다.

□ 인구수 변화 추이

□ 세대수 변화 추이

2차 필터링(수요와 공급)

미분양은 제로에 가깝습니다. 현재 가격이 내릴 일은 없는 것처럼 보입니다. 아산 또한 계속 감소하다가 최근 준공 후 미분양이 아주 약간 늘었을 뿐입니다. 이럴 때는 향후 입주물량 데이터를 조금 자세히 봐야 합니다.

▫ 기간별 미분양 현황

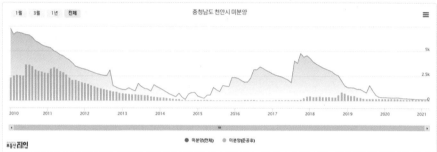

▫ 기간별 미분양 현황

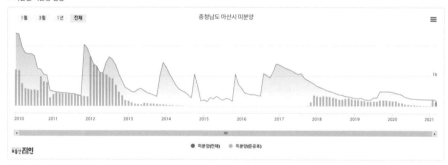

천안과 아산의 입주물량이 적지 않네요. 특히 아산의 입주물량이 많은 편인데, 이 입주물량이 소화되느냐 안 되느냐에 따라 천안 부동산의 미래가 달려있습니다.

하지만 아산의 향후 입주물량 입지 대부분이 괜찮은 데다가 몰려있어서 미분양이 크게 날 확률은 낮은 것으로 보입니다. 게다가 아산은 아직 비규제지역이라서 상대적으로 투자수요의 접근이 쉽다는 장점도 있습니다.

3차 필터링(매매/전세지수 분석)

해당 아파트가 위치한 서북구는 저점을 찍고 2년 넘게 상승 중이고, 앞서 언급했던 것처럼 미분양만 소화된다면 지속해서 상승할 수 있을 만한 힘을 가진 도시입니다. 천안의 투자 타이밍은 매매지수가 전세지수를 뚫고 내려간 18년 말~19년 초였습니다. 물론 이때도 신불당 대장아파트는 이미 상승하고 있었습니다. 신불당 → 성성동/백성동/두정동 신축 → 구불당/청당동 등의 순서로 갭메우기를 하며 천천히 오르는 중입니다. 규제지역 지정의 여파로 흐름은 더뎌도 아직 갭을 다 못 메운 아파트들이 많아서 여전히 기회는 있다고 생각합니다.

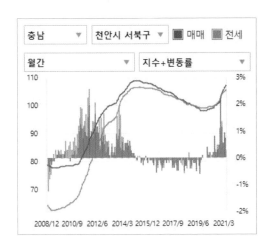

4차 필터링(지역 간 비교)

　3개 단지 모두 신축급으로 골라왔습니다. 두정동은 2개 단지와 비교해 결코 입지가 떨어지는 곳이 아니고, 게다가 역 바로 앞에 있는 신축아파트죠. 물론 평수가 작고, 브랜드 선호도가 다른 2개 아파트보다 떨어지긴 하지만 크게 문제가 될 건 없다고 보고 있습니다. 최근 가격이 조금 조정을 받으며 2.8억~3억 사이에 구할 수 있는데, 지금이 싸게 살 기회라고 생각합니다.

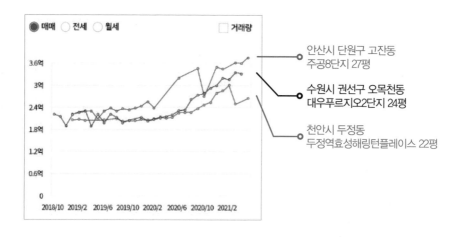

분석으로
한눈에 파악하기

S

Strengths 강점

···▶ 연식+초역세권+갭가격

20년식+두정역 초역세권이라는 2가지만으로도 충분히 큰 장점입니다. 서울 출퇴근도 가능은 하다는 이야기니까요. 천안에도 일자리가 충분하니 애가 없는 신혼부부들이라면 충분히 가치 있는 선택지가 되지 않을까 생각합니다. 신축 전세수요는 계속 있을 확률이 높으니 현재 갭이 크다고 생각하지 않습니다. 만약 3천 갭 정도로 매매할 수 있다면 충분히 투자 가치가 있다고 생각합니다.

W

Weaknesses 약점

···▶ 작은 평수+학군

평수가 작고 학군이 좋지 않다는 단점이 있습니다. 바로 옆에 학교가 없어서 학부모의 선택지에서는 배제될 수 있습니다.

O

Opportunities 기회

···▶ 도시의 성장 가능성+규제지역 해제

저는 천안&아산 도시 자체의 성장성을 높게 봅니다. 아산의 입주가 다 마무리되고 도시가 어느 정도 완성되면 상승여력은 충분하죠. 여기에 규제지역 해제 같은 호재까지 생긴다면 천안은 상승에 날개를 달 것입니다.

T

Threats 위협

···▶ 입주물량

아직 아산의 입주물량이 너무 많습니다. 천안&아산에 투자한 사람은 미분양이 터지지 않기를 물 떠 놓고 기도해야 합니다. 또 서울/수도권 상승이 다시 한번 와서 1~2년 더 치고 나가주기를 바라야 하죠. 그래야 지방 도시들도 추가 상승의 여력이 생기니까 말입니다.

CHAPTER 4
전국 저평가 단지 분석 – 3억 이하

창원시
33평 아파트

창원시 마산회원구 양덕동 한일타운4차
(33평/04년식/694세대)

매매가   **29,567만 원**

전세가   **28,000만 원**

갭(투자금)   **약 2,000만 원**

1차 필터링(인구)

창원은 마창진(마산, 창원, 진주)이 통합되면서 100만 명 이상의 인구를 가진 도시가 되었는데, 인구수는 지속적으로 감소하고 있습니다. 하지만 세대수는 여전히 늘고 있으므로 도시 자체의 성장에는 아직 큰 무리가 없는 수준이라고 봅니다.

창원시
33평 아파트

□ 인구수 변화 추이

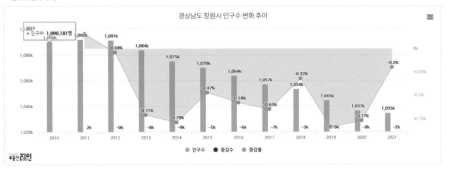

□ 세대수 변화 추이

2차 필터링(수요와 공급)

왜 창원이 20년에 미친 듯이 올랐는지에 대한 이유가 바로 이것입니다. 미분양이 정말 급속도로 사라졌죠? 투자수요가 급격히 들어가면서 미분양을 소화시켰는데, 이게 창원의 가격 상승까지 이끌었습니다.

창원이 19년부터 꿈틀대다가 투자수요가 몰린 이유는 다음 그래프를 보면 됩니다. 투자자들은 입주물량이 줄어드는 시점 1, 2년 전에 들어갑니다. 누구나 향후 입주물량을 볼 수 있으므로 선진입, 선선진입의 개념으로 가서 좋은 아파트들을 미리 선점한 것이지요. 창원이 그동안 왜 떨어졌는지, 왜 올랐는지는 수급만 봐도 명확히 이해할 수 있을 겁니다.

3차 필터링(매매/전세지수 분석)

　현재는 투자수요보다는 실수요장에 가까운데, 너무 높아진 가격 때문에 1급지인 용지아이파크가 가격상승을 멈추고 숨 고르기를 하는 모습입니다. 만약 울산, 천안 등 비교 지역의 가격이 추가상승한다면 창원 역시 다시 한 번 상승할 가능성이 크다고 봅니다.

　우리가 창원의 1급지가 아닌 2~3급지로 가야 하는 이유는 다음 그래프를 보면 알 수 있습니다. 1급지가 속해 있는 의창구와 성산구는 매우 급하게 올랐습니다. 하지만 마산회원구와 합포구는 아직 갭메우기를 하지 못하고 있죠. 결과적으로 지금 창원에 관심이 있다면 마산회원구나 합포구 쪽을 보는 게 수익률 측면에서 더 낫습니다.

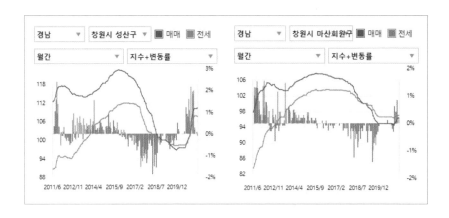

4차 필터링(지역 간 비교)

명확히 보이죠? 저는 한일타운 4차도 4억까지는 충분히 갈 수 있는 아파트라고 생각합니다. 비교평가가 중요한 이유가 이런 경우입니다. 무려 4~5년 동안 시세가 비슷했거나 낮았던 아파트들이 특별한 호재도 없는데 상승을 계속하며 앞서가면, 정체되어 있던 다른 아파트들 역시 가치에 맞게 따라가게 되어 있습니다. 순간적인 저평가가 일어난 것뿐이죠. 이게 제 투자법의 핵심입니다. 본래 가치를 찾아 앞으로 올라갈 녀석들을 골라내는 것. 이것만 할 수 있다면 평생 잃지 않는 투자 방법을 터득한 셈입니다.

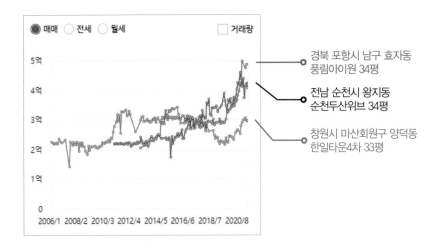

SWOT 분석으로 한눈에 파악하기

S

Strengths 강점

···▶ 비규제지역+편의시설
(대형마트, 백화점)+갭가격

성산구와 의창구는 이미 규제지역이라 투자수요가 늘기는 어렵습니다. 경남권에 투자할 사람이라면 창원에 있는 비규제지역 쪽으로 돌아설 확률이 높죠. 여기에 NC파크가 가깝고, 대형마트 2개와 백화점을 끼고 있는 입지는 상당한 메리트입니다. 초등학교도 바로 길 건너편에 있고요. 창원은 전세가 부족해서 전세가가 상승하고 있고, 현재 한일타운은 갭도 많이 좁아진 상태라 투자금이 크지 않다는 장점도 있습니다.

W

Weaknesses 약점

···▶ 브랜드+연식

주변 메트로시티나 코오롱하늘채에 비하면 확실히 비선호되는 단지이긴 합니다. 그러니까 싸겠죠? 연식도 다소 애매한 04년식입니다. 하지만 창원의 경우 향후 입주물량이 거의 없어서 04년식이라도 시차를 두고 충분히 상승할 여력이 있다고 생각합니다.

O

Opportunities 기회

···▶ 저평가(가격)

가장 큰 기회요인입니다. 4차 필터링에서도 설명했지만, 다른 아파트에 비해 거의 상승하지 못했습니다. 앞으로 충분히 따라갈 여력이 있다는 뜻이죠.

T

Threats 위협

···▶ 규제지역 지정

만약 투자수요가 20년 초반처럼 다시 몰린다면 규제지역으로 지정될 확률을 배제할 수는 없습니다. 그렇게 된다면 청주에서처럼 상승장이 급격히 식을 수도 있습니다. 물론 규제지역이 될 가능성이 크지는 않습니다.

04

군산시
32평 아파트

군산시 수송동 수송세영리첼
(32평/10년식/1,041세대)

매매가   **29,000만 원**

전세가   **26,000만 원**

갭(투자금)   **약 3,000만 원**

1차 필터링(인구)

인구수는 줄어들지만 세대수는 늘어나는 전형적인 지방 중소도시의 인구 흐름입니다. 사람들이 참 재미있는 게, 19년 초 하락장에 군산을 갔을 때는 인구가 다 빠져나간다며 이제 군산은 안 오를 거라고들 했습니다. 그들의 예상을 깨고 1년여 정도를 꾸준히 상승하고 있는 지금은 어떤 말을 할까요? 새만금 때문에 오른 거라고 하더군요. 새만금 호재는 2019년에도 있었고, 2020년에도 있었고, 무려 10년 전인 2010년에도 있었는데 말이죠. 이 말은 새만금은 사이클을 바꿀 만한 트리거는 아니라는 뜻입니다. 상승과 하락그래프의 기울기에 변화를 줄 뿐이죠. 상승과 하락은 기본적으로 수요와 공급에 따라 결정된다는 걸 기억해야 합니다.

□ 인구수 변화 추이

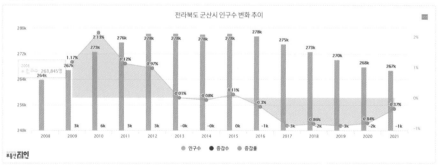

□ 세대수 변화 추이

2차 필터링(수요와 공급)

군산이 상승한 이유는 이것입니다. 쌓여있던 미분양이 소진되기 시작하더니 19년 말에 급속도로 소진되자 투자자들이 많이 들어갔습니다. 계속 잠잠했던 수송동이 움직인 것도 저 때부터입니다. 투자자들은 뭘 보고 들어왔을까요? 바로 공급물량입니다.

아까 설명한 것처럼 21년부터는 더이상 입주물량이 없어서 1년 전인 20년, 더 빠른 투자자는 2년 전인 19년부터 들어가기 시작한 겁니다. 모든 지방 중소도시들이 마찬가지입니다. 이 수급 분석만 잘해도 적어도 향후 2~3년간은 떨어지지 않을 지역에 투자할 수 있습니다.

3차 필터링(매매/전세지수 분석)

계속 강조하지만 매매지수가 전세지수를 뚫고 내려가는 시점을 눈여겨 보면 됩니다. 전세지수가 하락을 멈추고 횡보하는 시점에 들어간다면 가장 이상적인 타이밍입니다. 일반적으로 매매지수는 그보다 조금 더 떨어지다 가 상승 전환을 하기 때문이죠.

4차 필터링(지역 간 비교)

 수송세영리첼은 최근 많이 상승했으나 여전히 먹을 빵이 많이 남아 있습니다. 기본적으로 3.6억까지는 갈 수 있고, 조촌동 디오션시티와의 비교평가를 통하면 4억 2천~3천까지도 무난할 것으로 예상됩니다. 다만 지금은 갭이 조금 벌어진 상태고, 구조에 따라 매물 가격이 2억 9천~3억 5천까지 천차만별이긴 합니다. 개인적으로 수송세영리첼은 아픈 손가락입니다. 제가 부동산 공부를 시작하고 첫 지방 임장지가 군산 수송동이었는데, 당시 매매가격은 2억 1천만 원, 전세가격은 2억이었습니다. 처음이라 확신이 들지 않았고 지금처럼 체계적으로 분석할 능력도 없을 때라 이 물건을 놓쳤죠. 아쉽긴 하지만 투자 복기를 하는 과정에서 저에게 많은 확신을 준 물건입니다. '결국 현재 가격이 비교대상에 비해 싸고, 입지가 괜찮으면 언젠가 가치에 맞춰 올라간다!'라고 말이죠.

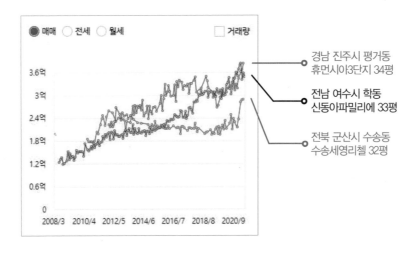

분석으로 한눈에 파악하기

S

Strengths 강점

···→ 입지

군산 임장을 해보면 알겠지만, 1급지라고 할 수 있는 조촌동도 수송동의 입지에는 못 미칩니다. 그만큼 군산에서 수송동의 입지는 확고합니다. 롯데마트 사거리를 중심으로 형성된 상권은 거의 모든 것을 갖추고 있고, 학군 또한 군산에서 선호되는 학교들이며 학원가까지 잘 자리 잡고 있습니다.

W

Weaknesses 약점

···→ 브랜드+연식

'세영리첼'이라는 브랜드가 아쉬운 건 어쩔 수 없습니다. 10년식은 사실 오래된 연식은 아니지만 뒤에 위험요인으로 나올 재건축 단지들이 입주하는 시기가 되면 꽤 연식 차이가 나기 때문에 단점으로 넣어놨습니다. 실제로 조촌동으로 이사 가는 사람 대부분이 새 아파트에 살고 싶어서 넘어갑니다.

O

Opportunities 기회

···→ 새만금

벌써 거의 20년이 되어가고 있는데, 실제로 새만금이 계획대로 진행된다면 군산 전체에 큰 호재가 될 것입니다. 하지만 개인적으로 이런 호재에 의한 투자는 선호하지 않습니다. 본래 가치에 비해 싸게 사서 제 가치에 파는 것이 저의 투자법이고, 여기에 호재라는 조미료까지 더해지면 행운이라고 생각할 뿐입니다. 호재 이슈가 갑자기 없어지면서 가격이 주저앉는 경우를 많이 봐서 그렇습니다.

T

Threats 위협

···→ 도시의 성장성+나운동 재건축

군산은 한국GM이 빠져나가면서 큰 타격을 입은 도시입니다. 협력업체들까지 타격을 입어 지역 상권 자체가 침체된 것은 맞습니다. 만약 이 상태가 향후 몇 년간 지속된다면 기대했던 것보다는 상승폭이 작을 수 있을 겁니다. 나운동 재건축이 시작된다면 이것 역시 수송동 아파트에는 좋지 않은 영향을 줍니다. 물론 2가지 이슈 다 향후 3~4년 안에 벌어질 일은 아니라고 생각하기 때문에, 현재 시점에서는 큰 위협은 아니라고 볼 수 있습니다.

CHAPTER 4
전국 저평가 단지 분석 - 3억 이하

05

김천시
30평 아파트

경북 김천혁신도시 엠코타운더플래닛
(30평/15년식/1,119세대)

매매가 **28,150만 원**

전세가 **17,325만 원**

갭(투자금) **약 11,000만 원**

1차 필터링(인구)

　김천은 혁신도시라서 인구수가 급격히 늘어난 곳으로, 현재 인구는 약 14만 명 정도입니다. 신도시가 생기면서 환경이 쾌적하다는 큰 장점이 있습니다.

▫ 인구수 변화 추이

▫ 세대수 변화 추이

2차 필터링(수요와 공급)

　김천혁신도시의 상승폭이 작은 이유는 위 그래프와 같습니다. 미분양이
아직 많이 쌓여있기 때문이죠. 하지만 우리에게 중요한 것은 이 미분양이
소화될 수 있을 것인지의 여부라서, 현재 미분양 수치 자체는 크게 중요하
지 않습니다. 김천은 구미와 같이 봐야 합니다. 김천의 입주물량은 19년 이
후로 부족하고, 구미랑 합쳐 봐도 많지 않습니다. 앞에서 구미의 미래를 예
측할 때 하락 가능성이 거의 없다고 말한 이유가 이것입니다. 구미의 상승
과 더불어 김천도 꾸준히 미분양이 해소되면서 상승할 가능성이 매우 큽니
다. 결국 관건은 저 미분양이 얼마나 줄어들 수 있느냐가 되겠네요.

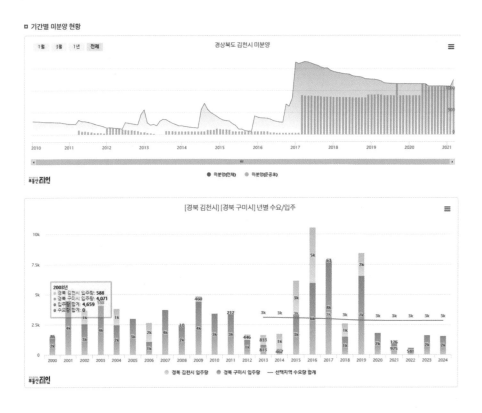

3차 필터링(매매/전세지수 분석)

보는 것처럼 김천은 아직도 매매지수가 전세지수 아래에 있습니다. 물론 매매지수가 상승하고 있긴 하지만, 아직 상승여력이 충분하다는 것을 보여주는 그래프입니다. 중요한 것은 전세지수인데, 향후 입주물량이 없어서 전세지수는 지속적으로 상승할 것입니다. 그렇게 되면 당연히 전세가가 매매가에 영향을 주면서 매매가를 끌어올리겠죠? 이것이 제가 김천혁신도시 아파트를 꼽은 이유이기도 합니다.

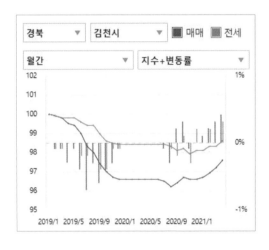

4차 필터링(지역 간 비교)

　비슷한 가격대의 아파트들이 3.2억~3.6억까지의 가격을 형성하고 있으니 엠코타운더플래닛도 향후 4천~8천 정도는 무난히 상승할 거라고 예상합니다. 특히 같은 혁신도시인 원주의 푸른숨휴브레스는 추가 상승 가능성이 매우 커서, 푸른숨휴브레스가 먼저 치고 나가준다면 엠코타운더플래닛에게는 더 좋은 영향을 줄 겁니다.

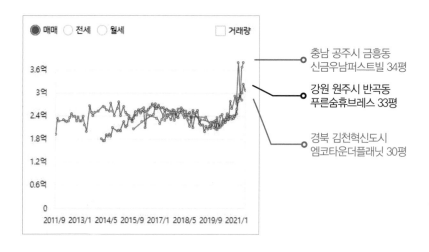

SWOT 분석으로
한눈에 파악하기

S

Strengths 강점

···➡ 연식+입지(인프라)

혁신도시의 특성상 신축 단지들이 몰려있고, 인프라가 나름 잘 갖춰져 있습니다. 혁신도시에 들어온 기업 대부분이 공기업이기 때문에 직장수요를 걱정할 필요가 없습니다. 김천 자체의 입지가 좋다고 보긴 어렵지만, 혁신도시의 입지 자체는 구미에 비해서도 경쟁력이 있으므로 구미에서 출퇴근하는 수요도 간간이 볼 수 있습니다.

W

Weaknesses 약점

···➡ 확장성+갭가격

혁신도시의 특성상 확장에 제한이 있습니다. 수요가 더 늘기도 어렵고, 인프라도 현재 수준에서 확 좋아지기는 힘들다는 단점이 있습니다. 실제로 상가 공실이 이전보다 많이 줄긴 했지만, 여전히 많습니다. 무엇보다 현재 가장 큰 단점은 갭이 커서 투자자들이 접근하기 어렵다는 데 있습니다. 아무리 김천이 오를 거라고 예상해도, 1억을 김천에 묻어두기는 쉽지 않으니까요. 따라서 김천은 전세가가 더 올라줘야 투자수요도 붙고, 매매가도 올라갈 수 있습니다.

O

Opportunities 기회

···➡ 구미의 상승

옆 동네 구미가 계속해서 상승한다면, 김천 혁신도시에도 계속 자극을 주게 될 것입니다. 가격을 같이 끌고 가는 것이지요. 마치 형님이 먼저 올라가면 동생 손을 잡고 같이 가주는 그런 그림입니다. 구미의 상승을 점치는 저로서는 당연히 김천의 상승을 기대할 수밖에 없습니다.

T

Threats 위협

···➡ 미분양

향후 미분양이 터질 것에 대한 위험이 아니라, 현재 미분양이 소화되지 않는 위험을 말하는 겁니다. 수요가 제한적이다 보니 아무래도 투자수요가 들어와야 미분양이 해소되면서 가격이 오를 텐데, 아직 김천까지는 온기가 전해지지 못한 듯한 모습입니다. 전세가가 올라가면 자연스럽게 이 위험요인은 없어질 테니 중요한 것은 전세가 상승이 되겠네요.

전국 저평가 단지 분석
– 4억 이하

CHAPTER

3억 이하 단지들의 포인트가 '입지 대비 저평가'였다면, 4억 이하 단지들의 포인트는 '공시가 3억 이하'다. 수도권, 광역시, 특별시만 아니라면, 공시가 3억 이하는 양도세 중과에서 배제되기 때문이다. 양도세는 매도 시 계산되는 세금이라서 향후 상승분을 생각해 현재 3억 초반대 단지들을 주로 넣었다. 약 5억까지 상승하더라도 공시가는 3억이 안 될 확률이 높으니 시가 5억 언저리까지 가장 빨리 상승할 수 있는 단지를 고르는 게 중요하다. 참고로 수원 아파트는 투자보다는 수도권 실거주자 입장에서 비교적 저렴한 가격에 살 수 있는 단지가 여전히 충분하다는 것을 설명하기 위해 넣었다.

01

수원시
31평 아파트

수원시 권선구 권선동 권선삼천리1차
(31평/94년식/496세대)

매매가 **33,300만 원**

전세가 **24,000만 원**

갭(투자금) **약 9,000만 원**

1차 필터링(인구)

수원은 최근 인구수가 조금 감소하기는 했으나, 인구 120만 명이 살고 있는 수도권에서도 상당히 큰 도시입니다. 구마다 조금씩 차이는 있지만 일자리와 교통 호재를 두루 갖추고 있고, 무엇보다 기본수요가 굉장히 탄탄한 도시라고 생각합니다. 이런 이유로 신축 가격에는 이미 가치가 반영되어 있지만, 구축 중에는 아직 덜 오른 단지가 몇몇 보여 그중 하나를 소개합니다.

□ 인구수 변화 추이

□ 세대수 변화 추이

2차 필터링(수요와 공급)

수원의 공급은 향후 꽤 많은 편입니다. 팔달구에 몰려있기는 하지만 수원 전체가 영향을 받기 때문에 입주물량에 신경 써야 합니다. 특히 갭투자라면 전세가가 매우 중요하니 입주가 언제, 어디에 되는지를 항상 확인하세요.

공급이 아주 중요한 고정변수라는 건 틀림없지만, 미분양이 더 중요하다고 계속 강조하고 있습니다. 현재 서울/수도권이 뜨거운 것은 수요(미분양과 청약경쟁률로 수요 판단)가 공급을 훨씬 상회하기 때문입니다. 수원 역시 경기 상승이 본격적으로 시작된 16년 이후에는 거의 미분양이 없죠. 이 말은 수원 어디에 분양되더라도 '완판된다, 수요가 있다, 가격이 오른다'라는 뜻입니다. 물론 이것이 평생 지속될지는 아무도 모르지만 최근 몇 년간은 그랬고, 개인적으로 향후 몇 년간도 그럴 것 같다고 예상합니다.

244쪽의 표는 향후 입주할 예정인 수원 아파트들입니다. 화파푸, 영통자이 등을 포함해 이슈였던 단지가 꽤 많이 보이는데, 그만큼 사람들한테 인기 있는 분양이 많았다는 말입니다. 단지별로 뜯어봐도 미분양이 날 만한 단지는 거의 보이지 않습니다.

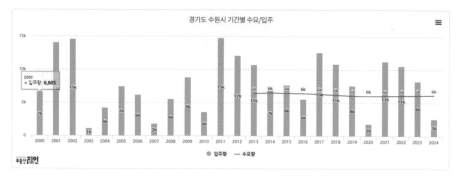

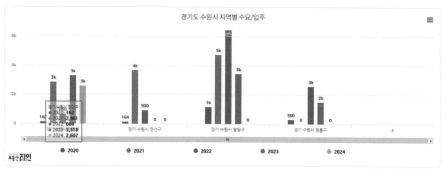

□ 기간별 미분양 현황

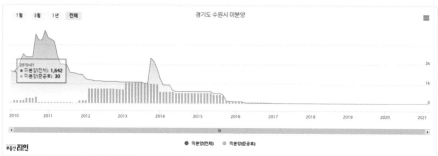

CHAPTER 5
전국 저평가 단지 분석 – 4억 이하

단지명	소재지	입주시기	총세대수	분양가 (3.3m²)
수원역한라비발디퍼스트	경기도 수원시 권선구 서둔동 323-152 일원	2021-06	288	0
화서역파크푸르지오	경기도 수원시 장안구 정자동 111	2021-08	2,813	1,553
수원하늘채더퍼스트1단지	경기도 수원시 곡반정동 116-2	2021-12	1,403	1,505
수원하늘채더퍼스트2단지	경기도 수원시 곡반정동 186-2	2021-12	1,833	1,500
더샵광교산퍼스트파크	경기도 수원시 조원동 431-2	2022-05	666	1,515
우만한일베라체에코플러스	경기도 수원시 팔달구 우만동 139-15	2022-06	223	1,453
매교역푸르지오SK뷰	경기도 수원시 매교동 209-14번지 일원	2022-07	3,603	1,859
영통자이	경기도 수원시 영통구 망포동 609-7	2022-08	653	1,811
힐스테이트푸르지오수원	경기도 수원시 팔달구 교동 155-41 일대	2021-08	2,587	1,754
쌍용더플래티넘오목천역	경기도 수원시 권선구 오목천동 482-2	2022-09	930	1,577
영통아이파크캐슬3단지	경기도 수원시 영통구 망포동 117-1	2022-09	664	1,811
영통롯데캐슬엘클래스1BL	경기도 수원시 영통구 망포동 770-46번지 일원	2022-12	642	1,809
영통롯데캐슬엘클래스2BL	경기도 수원시 영통구 망포동 775-24번지 일원	2022-12	609	1,810
서광교파크스위첸	경기도 수원시 장안구 연무동 224	2023-05	1,130	1,861
영흥공원푸르지오파크비엔	경기도 수원시 영통구 원천동 309번지 외 53 필지	2023-06	1,509	1,915
수원센트럴아이파크자이	경기도 수원시 팔달구 인계동 847-3	2023-07	3,432	1,885
한화포레나수원장안	경기도 수원시 장안구 파장동 193	2023-09	1,063	1,872
화서역푸르지오브리시엘	경기도 수원시 장안구 정자동 111	2023-09	1,125	1,967
북수원자이렉스비아	경기도 수원시 장안구 정자동 530-6	2024-03	2,607	1,894

3차 필터링(매매/전세지수 분석)

권선구의 매매/전세지수 그래프입니다. 19년 이후 가파르게 상승하는 모습입니다. 지수 그래프가 저 정도가 되려면 해당 지역에서 정말 안 오를 것 같던 구축 아파트도 이미 많이 상승했다고 보는 게 맞습니다. 이런 상황이라 현재 수도권에서 저평가된 단지를 찾기가 어렵습니다.

삼천리1차를 보면 많은 사람이 갸우뚱할 수 있습니다. 수원에, 94년식 구축에, 호재도 없는데 여길 왜 뽑은 건지 말이죠. 부동산을 바라보는 프레임을 다시 한번 생각해봐야 합니다. 좋냐 vs 안 좋냐의 프레임으로 보면 이 아파트는 선택해서는 안 됩니다. 입지가 압도적이지도 연식이 좋지도 않으니까요. 하지만 현재 다른 아파트에 비해서 싸냐 vs 비싸냐의 프레임으로 보면 향후 상승 가능성이 충분한 아파트입니다. 현재 기준(21년 5월)에서 말이죠. 그래서 4차 필터링이 참 중요합니다.

4차 필터링(지역 간 비교)

　권선삼천리1차가 저평가되었다는 것을 증명할 수 있는 단지는 많습니다. 입지도 별로고, 연식도 오래돼서 비슷하게 지지부진한 가격 흐름을 보이던 위 2개의 아파트를 보세요. 전혀 연관성이 없는 지역들인데 놀랍도록 가격 흐름이 비슷하죠? 그렇게 지지부진하다가 시흥과 김포가 무섭게 치고 올라가더니 거의 5억에 육박합니다. 물론 호가는 지금 훨씬 더 높지만, 대부분 서울 수도권 아파트는 호가와 실거래가의 갭이 크다는 것을 고려해야 합니다. 삼천리1차도 현재 호가는 4억 중반까지 나와 있는데 4억 이하로 계약이 가능할 겁니다. 4억이라고 해도 저평가라고 볼 수 있습니다.

　호재를 고려해도 삼천리1차가 결코 위 2개 아파트와 비교해 입지 가치가 떨어지지 않습니다. 아니, 오히려 입지만 보면 삼천리1차가 더 좋죠. 그런데도 가격이 벌어진 건 순간적인 저평가가 일어났다고 보는 게 맞습니다. 조만간 삼호가든 가격대까지는 무난하게 오를 거라고 예상합니다. 수도권 상승장이 더 오래 지속된다면 더 높이 올라갈 것입니다.

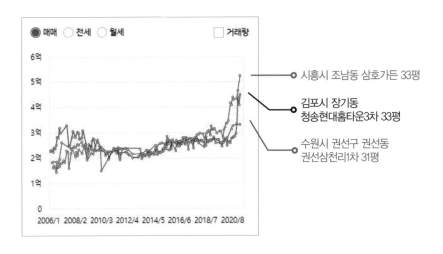

SWOT 분석으로
한눈에 파악하기

S

Strengths 강점

···▶ 인프라

실거주자들이 굉장히 만족하는 인프라를 갖추고 있습니다. 바로 옆에 대형마트 3개, 백화점, 아웃렛, 터미널이 있고 초중고 보내기도 괜찮습니다. 여기에 병원과 공원까지 잘 되어 있어서 살기에는 정말 부족함이 없는 지역입니다.

W

Weaknesses 약점

···▶ 연식+학군

94년식이라는 연식이 가장 큰 약점입니다. 재건축이나 리모델링이라도 된다면 좋겠지만 쉽지는 않아 보입니다. 여기에 학원가는 형성되어 있지만, 권선동의 학군은 수원에서도 좋다고 보기는 어렵습니다.

O

Opportunities 기회

···▶ GTX C 노선

GTX C 수원역 호재의 직접 영향권은 아니지만 개통된다면 호재가 될 수 있습니다. 그래도 버스로 약 20분 정도 걸리기 때문에 절대 가깝다고는 할 수 없죠. 하지만 어쨌든 GTX라는 것이 출퇴근 시간을 획기적으로 줄여줄 것이라 개통만 된다면 좋은 영향을 받을 것입니다.

T

Threats 위협

···▶ 호재+입주물량

특별한 호재가 없다는 것이 위험요인입니다. 수도권은 교통호재나 리모델링 호재에 의해 가격이 많이 출렁이는데, 여기는 호재가 없어 현재까지 가격이 덜 올랐다고 볼 수 있습니다. 거꾸로 보면 이미 호재가 반영된 아파트의 가격을 따라갈 수도 있다는 말이 됩니다. 그래서 별다른 호재는 없지만 헌저히 저평가된 단지를 찾는 것이 현재 수도권 시장에서는 그나마 저평가된 아파트를 찾는 방법일 수 있습니다.

02

거제시
34평 아파트

경남 거제시 수월동 거제자이
(34평/08년식/1,196세대)

매매가	**34,860만 원**
전세가	**27,500만 원**
갭(투자금)	**약 7,000만 원**

1차 필터링(인구)

경남 거제는 현재 24만 명 정도의 인구가 살고 있는 도시입니다. 한때 조선업 경기가 어려워지면서 인구도 더 감소하고 지역 분위기도 안 좋아졌지만, 옛날에는 지나가던 개도 만 원짜리를 물고 다닌다고 할 정도로 도시 소득이 높은 잘사는 곳이었습니다. 물론 지금도 잘사는 사람이 많습니다. 게다가 최근 조선업 경기까지 살아나면서 조금씩 도시에 활력이 돌고 있고, 투자자도 많이 들어가고 있습니다.

□ 인구수 변화 추이

□ 세대수 변화 추이

2차 필터링(수요와 공급)

　15, 17, 18년에는 입주물량이 상당했습니다. 하지만 20년 이후에는 거의 없습니다. 이것이 투자자들이 작년부터 들어간 이유이기도 합니다.

　아직 미분양이 상당하지만 향후 입주물량이 없고, 매매/전세지수 사이클 상 상승 반전했기 때문에 미분양은 지속적으로 감소할 것으로 예상합니다. 물론 조금 더 안전한 타이밍은 미분양이 소진되는 것을 보고 들어가는 것이지만, 요즘 투자자들이 다들 워낙 빠르니 안전마진을 확보하면 확보할수록 수익도 줄어든다는 단순한 공식이 이 경우에도 그대로 적용됩니다. 요즘은 속도가 더 빨라진 것 같습니다.

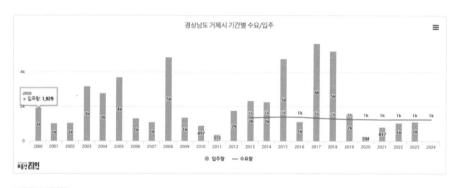

■ 기간별 미분양 현황

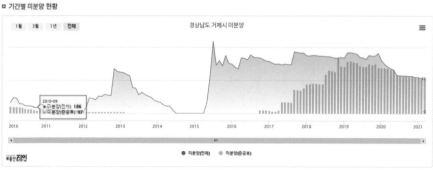

3차 필터링(매매/전세지수 분석)

이 그래프에서 거제가 상승할 수 있는 요소는 2가지입니다.

첫 번째는 전세지수입니다. 전세지수의 상승폭이 매매지수 상승폭을 훨씬 상회하고 있죠? 이것은 전세가가 올라간다는 뜻으로, 전세가가 올라가면 자연스럽게 매매가격에 영향을 줘서 매매가를 끌어올리게 될 것입니다.

두 번째는 매매지수입니다. 이제 막 반등을 시작했는데, 이것은 다시 상승 전환을 시작했다는 뜻입니다. 제가 강의 때 자주 하는 말인데, 부동산 사이클은 달리는 기차와 비슷해서 한 번 방향을 전환하면 브레이크를 밟아도 관성에 의해 쭉 더 나아가는 경향이 있습니다. 전환이 힘들지 일단 전환하고 나면 향후 몇 년간은 상승할 가능성이 매우 커집니다. 그래프를 보면 늘 강조하는 타이밍, 즉 매매지수가 전세지수를 뚫고 내려가는 시점이 가장 저점이었음을 알 수 있습니다. 이때 1급지에 들어가는 것이 가장 큰 수익을 낼 수 있다는 것을 또다시 복기하게 되네요.

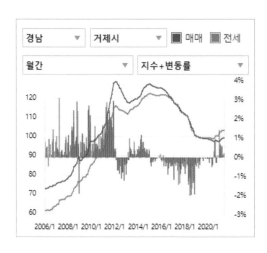

4차 필터링(지역 간 비교)

 이 3개 단지만 비교하더라도 거제자이가 저평가되어 있다는 것이 너무나
명확하게 보입니다. 심지어 포항 남구 효자동에 있는 풍림아이원은 향후
상승 가능성이 큰 단지입니다. 그렇다는 얘기는 이 3개 아파트 모두가 더
상승할 가능성이 크다는 뜻이죠. 그중 거제자이는 본래 가치가 더 높은 아
파트라서 현재 비교단지 가격인 5억 정도까지는 안전마진으로 봐도 무방하
지 않을까 생각합니다.

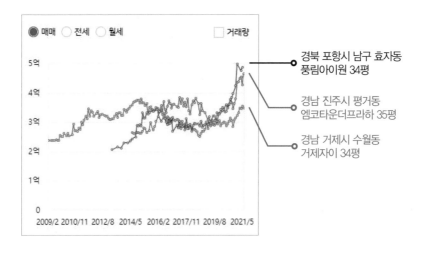

분석으로 한눈에 파악하기

S

Strengths 강점

···→ 초품아+입지

수월동은 압도적이진 않지만 누가 뭐래도 입지 자체는 거제에서 제일 좋습니다. 학원가도 형성되어 있고, 나름 주변에 인프라가 잘 갖춰져 있지요. 거기에 수월초와 수월중이 단지와 연결되어 있다는 것은 굉장한 장점입니다.

W

Weaknesses 약점

···→ 주변 신축

포레나와 유로아일랜드 등 고현/장평 쪽에 신축이 들어오면서 이미 거제의 대장아파트 자리는 내줬습니다. 연식이 08년식이다 보니 어쩔 수 없는 현상이지요. 전세가가 오르는 상황이었지만 신축들이 입주하는 시기에는 일시적으로 전세가가 흔들리기도 했습니다.

O

Opportunities 기회

···→ 가덕도 신공항+KTX 상동역

가덕도 신공항은 부산뿐만 아니라 거제에도 큰 호재입니다. 이로 인해 투자자들이 몰려올 수도 있다고 생각합니다. 물론 확정된 건 아니지만 이런 이슈만으로도 투자자가 유입될 수 있으므로 거제자이에 나쁠 건 없다고 보고 있습니다. 여기에 KTX 상동까지 연결된다면 서울에서의 접근성이 확연히 좋아지니 큰 호재가 될 것입니다.

T

Threats 위협

···→ 규제지역 지정+재건축

하지만 이로 인해 가격이 급하게 올라서 규제지역으로 지정된다면 대단히 큰 악재로 작용할 것입니다. 청주가 그랬던 것처럼요. 여러 번 강조하지만 청주는 광속기 호재 때문에 오른 것이 아닙니다. 거제도 똑같은 상황이 발생할 수 있습니다. 또 고현동과 장평동의 주공아파트들이 재건축을 시작하면 거제자이는 타격을 받을 수 있습니다. 하지만 현재 속도와 분위기로 봐서 향후 3~4년간은 괜찮지 않을까 싶습니다.

김해시
33평 아파트

김해 율하e편한세상11단지
(33평/09년식/585세대)

매매가   **33,650만 원**

전세가   **29,250만 원**

갭(투자금)   **약 4,000만 원**

1차 필터링(인구)

김해는 창원과 부산의 영향권입니다. 창원으로도 출퇴근할 수 있고, 부산으로도 할 수 있죠. 김해는 부산과 창원의 인구를 빨아들이고 있습니다. 21년에 인구수가 조금 감소한 것으로 나오지만 수요는 여전히 탄탄한 편이며, 세대수는 지속적으로 증가하고 있으므로 향후 몇 년간 수요(인구수) 문제는 크게 없을 것입니다.

□ 인구수 변화 추이

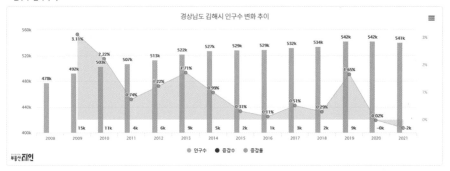

□ 세대수 변화 추이

2차 필터링(수요와 공급)

김해는 부산과 창원의 공급물량을 같이 보는 것이 좋은데, 부산은 강서구 쪽만 연동시키면 됩니다. 창원도 더 정확히 하려면 진해구나 성산구 쪽을 선택하는 게 좋지만 편의상 창원시 전체로 지정했습니다.

보는 것처럼 21년 이후부터는 입주물량이 상당히 적기 때문에 향후 상승 가능성은 충분합니다. 게다가 더 중요한 미분양 수치는 현재 거의 없어서 몇 년간 지속적으로 가격이 상승할 가능성이 매우 큰 지역입니다.

3차 필터링(매매/전세지수 분석)

그렇다면 김해는 언제가 바닥이었을까요? 다른 지역의 사이클과는 조금 다른 모습이긴 합니다. 전세지수가 횡보하거나 상승하기 전에 매매지수가 먼저 움직여버린 특이한 그래프를 보여줍니다. 이것은 투자자들이 선진입 했다는 것을 뜻합니다. 매매지수가 움직인 19년 하반기에 들어갔다면 지금 보다 훨씬 큰 수익률을 볼 수 있었던 것이죠. 근데 막상 19년으로 돌아가면 선뜻 김해에 들어갈 수 있었을까요? 그래서 4차 필터링이 중요합니다. 왜 투자자들이 19년에 김해에 들어갔는지 알아봅시다.

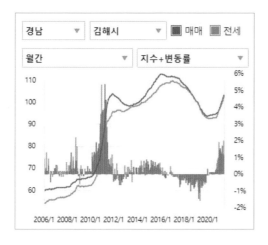

4차 필터링(지역 간 비교)

김해는 부산의 영향을 받습니다. 부산은 18년에 메인 입지들부터 상승을 시작해 갭메우기를 시작했죠. 부산에서도 3~4급지로 평가되는 구서동마저 20년에 미친 상승을 보여줬습니다. 이것은 19년 정도에 이미 부산의 많은 단지가 율하e편한세상과의 격차를 크게 벌렸다는 뜻입니다.

이 상황을 투자자 입장에서 보면 어떨까요? 김해가 당연히 싸게 보입니다. "부산이 너무 많이 올랐는데? 어디 다른 데 없나? 어, 김해? 신도시인데? 고고" 이렇게 되는 거죠. 이런 이유로 19년부터 투자자가 먼저 들어갔고, 앞에서 본 것처럼 미분양이 꽤 많이 쌓여있었는데도 그게 다 급격히 소진되면서 김해 전체가 상승하게 된 것입니다. 그래서 지역 간 비교인 4차 필터링이 제일 중요합니다.

사람들은 싸다고 생각하면 들어갑니다. 2차, 3차 필터링도 중요하지만 4차 필터링이 더 중요한 것은 본능적인 감각 때문입니다. 아무리 데이터가 위험을 말하고 있어도 투자자들은 본능적으로 이 가격이 싸다고 느낍니다.

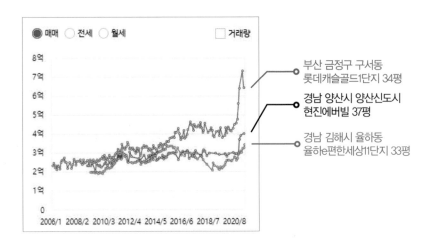

S W O T 분석으로
한눈에 파악하기

S

Strengths 강점

⋯▸ 입지+단지 관리+적은 갭

입지가 정말 좋습니다. 상권+학군+편의시설+공원 등 없는 게 없죠. 아웃렛도 가깝고, 문화센터도 바로 옆인 데다가 연식에 비해 단지 관리를 굉장히 잘해서 10년 이상 된 아파트라고 보기 어려울 정도로 깨끗합니다. 다른 단지에 비해 투자금이 적게 들어가는 것도 장점입니다. 전세가도 오르고 있으니, 잔금을 좀 늦게 치르는 조건이나 집주인이 세입자로 바로 들어오는 조건 등을 잘 맞추면 3~4천 정도로 전세 세팅이 가능합니다 (21년 5월 기준).

W

Weaknesses 약점

⋯▸ 연식

9단지나 옆에 있는 2지구 신축 아파트에 비하면 연식이 오래되었기 때문에 아무래도 가격 상승폭이 적을 수밖에 없습니다. 하지만 연식이 오래됐더라도 시차를 두고 갭을 메워갈 것이라 갭만 적게 든다면 큰 단점이라고 보기는 어렵다고 생각합니다.

O

Opportunities 기회

⋯▸ 율하2지구 상권

11단지 오른쪽에 있는 2지구 쪽 상권이 1~2년이면 거의 완성될 것 같습니다. 11단지의 큰 장점은 1지구와 2지구의 상권 모두를 이용할 수 있다는 것입니다. 특히 2지구 상권도 길만 건너면 바로여서 2지구 상권이 완성되면 11단지의 입지 가치는 더 높아질 겁니다. 3단지 푸르지오와 11단지 이편한세상의 가격흐름이 현재까지는 거의 똑같지만 2지구가 들어오고 나면 11단지가 조금 더 올라가지 않을까 예상합니다.

T

Threats 위협

⋯▸ 김해 신축

김해만 본다면 입주물량이 아예 없는 것은 아닙니다. 연지공원푸르지오를 포함해 신축 입주가 다소 있어서, 예상치 못한 악재로 시장 분위기가 식어버린다면 다른 단지들에 비해 타격이 클 수도 있습니다.

서산시
34평 아파트

충남 서산시 예천동 예천푸르지오
(34평/13년식/706세대)

매매가 **30,475만 원**

전세가 **26,214만 원**

갭(투자금) **약 4,000만 원**

1차 필터링(인구)

　서산은 잘 모르는 사람이 많은 지역입니다. 인구수도 17만 명 정도로 크지 않은 소도시인데, 인구수는 조금씩 증가하고 있습니다. 수요가 조금씩 증가하고 있다는 뜻입니다. 왜 그럴까요? 서산은 충남에서 돈을 제일 잘 버는 도시입니다. 소득 수준이 높습니다. LG화학이나 한화토탈 같은 대기업도 꽤 있고, 연봉도 높죠. 여기에 일자리 호재인 석유화학단지 이슈도 있는 곳입니다. 이것들이 수요(인구수)가 꾸준히 증가할 수 있는 이유입니다. 당진도 가깝기는 한데 출퇴근하기에는 다소 멀어서 서산 자체 수요가 꽤 큰 편입니다.

□ 인구수 변화 추이

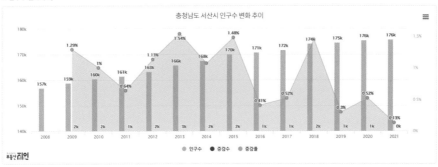

□ 세대수 변화 추이

2차 필터링(수요와 공급)

　17, 18년에 상당한 공급이 있었고, 22년 이후에는 공급이 많지 않습니다. 이럴 때는 미분양을 확인해야 향후 가격이 어찌 될 것인지를 알 수 있죠? 봅시다. 최근 미분양이 약간 늘기는 했어도 대세에는 영향이 없을 것입니다. 향후 입주물량이 많지 않으니 미분양은 현재 수준을 유지할 것으로 예상합니다.

3차 필터링(매매/전세지수 분석)

서산은 이제 막 상승을 시작한 지역입니다. 제가 제일 좋아하는 그래프이기도 한데, 매매지수가 전세지수를 뚫고 내려갔다가 전세가 먼저 횡보하다가 상승하고 매매지수도 따라 올라가는 그런 지역입니다. 즉, 이제부터 상승이 시작된다는 뜻입니다. 미분양만 터지지 않는다면 말이죠.

4차 필터링(지역 간 비교)

　예천동 입지를 아는 사람이라면 충분히 공감하겠지만, 예천동은 서산의
1급지입니다. e편한세상의 입지가 좋냐, 푸르지오가 좋냐에 관해서는 논쟁
의 여지가 있을 수 있지만, 연식이 아닌 입지만 보면 푸르지오가 결코 뒤질
게 없다고 생각합니다. 여기에 가격 상승이 거의 없었기 때문에 본래 가치
보다 상당히 저평가되어 있다고 봅니다. 물론 SWOT 분석에서 위험요인을
파악하겠지만, 위험요소에도 불구하고 상승여력은 충분한 단지입니다.

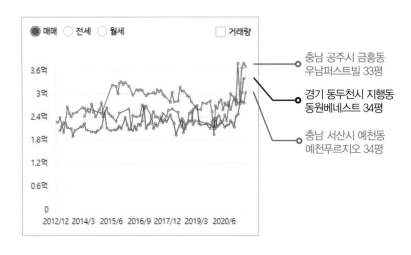

SWOT 분석으로 한눈에 파악하기

S Strengths 강점

···→ 가격

예천푸르지오의 가장 큰 강점은 가격이 싸다는 것입니다. 다른 지역과 비교해봐도 싼데, 그것과 상관없이 절대가격만 봐도 쌉니다. 서산은 앞에서도 봤지만 일자리 수요가 꾸준한 지역이고, 소득 수준도 꽤 높습니다. 그래서 1급지 아파트의 가격이 3억이라는 것은 상당한 장점이죠. 여기에 향후 입주물량을 고려했을 때 전세가가 지속적으로 올라갈 확률이 높아서 전세가가 매매가를 밀어 올린다면 가격 상승여력은 충분하다고 생각합니다.

W Weaknesses 약점

···→ 학군

초등학교와 학원가를 갈 때 큰길을 건너야 한다는 단점이 있습니다. 주변 인프라가 괜찮기는 하지만 중학교가 꽤 멀고, 학군이 좋지 않다는 것은 단점입니다.

O Opportunities 기회

···→ 내포철도

서산이 호재에 의해서 크게 움직이는 지역은 아닌데, 굳이 찾자면 내포철도 개통이 서산에는 호재가 될 수 있을 것으로 보입니다.

T Threats 위협

···→ 아산발 입주물량 쇼크

사실 제가 가장 궁금한 부분입니다. 아산발 입주물량 쇼크가 서산에 어떤 영향을 줄지 말이죠. 아산의 입주물량이 상당한데, 과연 꽤 거리가 있는 서산까지도 영향을 줄지 어떨지 계속해서 주목해야 할 것 같습니다. 만약 아산발 입주물량 쇼크의 영향이 전혀 없다면 서산은 향후 몇 년간은 상승 가능성이 매우 큽니다.

05

전남 무안군
33평 아파트

전남 무안군 일로읍 오룡에듀포레푸르지오 34블록
(33평/20년식/787세대)

매매가   **35,875만 원**

전세가   **22,000만 원**

갭(투지금)   **약 14,000만 원**

1~3차 필터링은 2억 이하 저평가 단지에서 소개한 남악신도시아이파크와 같으니 간단히 정리하고 넘어갑니다. 자세한 내용은 앞을 참고하세요.

1차 필터링(인구)

목포와 무안은 하나의 도시로 봐야 합니다. 목포의 인구가 줄고 있지만 무안은 그만큼 늘고 있으니 전체 감소폭은 크지 않습니다. 거듭 말했듯이 인구수보다 세대수가 중요하고, 세대수는 계속해서 증가하고 있으니 인구 감소 때문에 가격 하락을 걱정할 필요는 없습니다. 여전히 신안, 해남, 강진 등에서 꾸준하게 인구가 유입되고 있는 전남의 대표도시니까요.

2차 필터링(수요와 공급)

목포의 미분양과 함께 무안 쪽도 함께 보세요. 남악신도시로 불리는 핵심지역의 공급이 무안 쪽에 집중되어 있어서 그렇습니다. 오룡지구로 대표되는 무안 쪽 신규 분양에서 미분양이 난다면 목포 전체의 가격이 흔들릴 수 있겠지만, 현재 분위기상 확률은 매우 낮아 보입니다. 여기에 절대가격이 워낙 저평가되어 있다는 점, 주변 도시인 순천과 여수, 광양의 상승이 길었다는 점 등이 투자자의 눈을 목포 쪽으로 돌리고 있습니다. 현장의 분위기는 이미 많이 달아오른 상태라고 봐도 과언이 아닙니다.

3차 필터링(매매/전세지수 분석)

　지수는 평균값이라서 항상 현장의 분위기보다 늦게 반영됩니다. 목포의 1급지인 남악신도시의 전세가와 매매가는 이미 상승을 시작했고, 그 분위기가 하당을 포함한 2~3급지로 넘어가고 있습니다. 아마도 지속적으로 매매/전세지수가 상승하는 그래프가 그려질 겁니다. 상승 분위기가 본격적으로 느껴져야 실수요층이 움직이기 때문에 목포는 이제 상승의 초입에 있는 아주 매력적인 시장이라고 볼 수 있습니다.

4차 필터링(지역 간 비교)

　순천과 군산 아파트의 상태는 신축으로 비슷합니다. 물론 입지 자체가 순천과 군산이 조금씩 더 좋기는 하지만, 오룡지구의 미래가치를 봤을 때 향후 갭을 좁혀갈 가능성이 크다고 생각합니다.

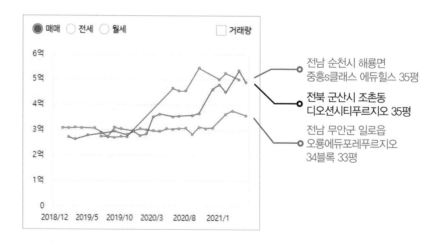

SWOT 분석으로
한눈에 파악하기

Strengths 강점

⋯ 가격

목포는 그래도 인구가 25만이 넘는 도시입니다. 25만이 넘는 지방 중소도시에서 신축 대장급이 평당 1천만 원밖에 안 되는 곳은 목포밖에 없습니다. 이게 가장 큰 장점입니다. 다른 지역에 비해 너무 가격이 오르지 않았죠. 다른 지역은 거의 다 올랐기 때문에, 이제는 목포 차례가 아닐까 예상합니다.

Weaknesses 약점

⋯ 큰 갭가격+인프라

목포는 지역 특성상 전세가가 매매가를 끌어올리는 힘이 좀 약합니다. 모든 신축이 그렇지만 목포의 경우 전세가율이 더 낮아서 투자 입장에서는 투자금이 많이 들어간다는 단점이 있는 데다가, 오룡지구의 인프라 역시 아직 상당히 부족합니다.

Opportunities 기회

⋯ 택지지구의 확장성

오룡지구에 계속해서 새 아파트들이 들어오고 인프라가 지금보다 좋아진다면 도시 자체의 힘이 세질 수 있습니다. 택지지구의 확장 속도가 빠르면 빠를수록 기회요인이 될 것입니다.

Threats 위협

⋯ 시간의 기회비용

가격 자체가 너무 저렴해서 별다른 위험요인은 없어 보이지만 생각보다 상승폭이 더디거나 시간이 더 오래 걸릴 수도 있습니다. 그래서 기회비용 측면에서는 최선의 선택지가 아닐 수 있죠. 향후 입주물량이 많지 않으니 미분양이 소진되면서 가격이 상승하지 않을까 예상합니다.

상황별 투자전략

6

CHAPTER

'인생은 B와 D 사이의 C다.'

내가 참 좋아하는 말이다. 인생은 삶(Birth)과 죽음(Death) 사이의 선택(Choice)이라는 뜻이다. 우리는 인생을 살면서 매 순간 선택해야 한다. 투자 역시 마찬가지다. 부동산을 선택할지 주식을 선택할지, 부동산 투자를 선택했어도 갭투자를 할지, 분양권 투자를 할지, 아니면 재개발 투자를 할지, 더 나아가 지역은 A 지역과 B 지역인지. 이뿐일까? C 아파트 or D 아파트, 25평형 or 34평형, 1층 vs 10층 등 선택의 연속이다. 그래서 단 하나의 정답은 없다. 각자의 상황에 맞는 최선의 답이 있을 뿐이다. 마지막 장은 각자의 상황에 맞는 최선의 답을 찾는 데 도움이 될 것이다.

나이대에 따른
투자전략

Case 1 20대

우선, 20대가 이 책을 여기까지 읽었다는 것에 박수를 보내고 싶습니다.
당신은 아마 어떤 계기로 돈을 많이 벌고 싶다거나 부자가 되고 싶다는 생
각이 들었을 겁니다. 어쩌면 부동산으로 돈을 번 많은 사람을 보며 '부동산
은 불패구나. 많은 돈을 벌 수 있을 것 같다'라고 생각했을지도 모릅니다.
도전은 시작했지만 막상 무엇부터 공부해야 하고, 어떻게 부동산 투자를
해야 할지 전혀 감이 안 잡히는 와중에 이 책을 우연히 접했겠죠. 책을 읽
으면서도 '정말 이게 될까?'라는 반신반의한 마음으로 여기까지 왔을 겁니
다. 20대라면 보통은 투자해보고 싶어도 가진 돈이 없습니다. 취업에 성공
했다고 해도 얼마 되지 않았을 테니 당연히 모아 놓은 돈이 많지 않을 것이

고요. 단언컨대 당신의 가장 큰 무기는 '나이'입니다. 나이가 어리다는 것은 남들보다 3가지 측면에서 유리합니다.

첫째, 몇 번 실패해도 다시 일어날 힘이 충분합니다. 기왕이면 실패하지 않는 게 제일 좋겠지만, 얼마를 잃든 몇 번을 실패하든 나만 책임지면 되기 때문에 다른 나이대에 비해 큰 부담은 아닐 수 있습니다. 20대는 결혼해서 가정을 꾸리기 전인 사람이 많을 테니 공격적인 투자가 가능합니다.

둘째, 시간에 투자할 수 있습니다. '진정한 투자의 고수는 시간에 투자한다'라는 말이 있습니다. 잃지 않고 일정 수익률 이상만 계속 가져갈 수 있다면 수익률은 복리로 올라가기 때문에 시간이 지날수록 엄청난 수익을 올릴 수 있습니다. 나이가 깡패라는 말은 투자에서도 적용됩니다.

셋째, 몸테크가 가능합니다. 젊어 고생은 사서도 한다는데, 돈만 벌 수 있다면 몸테크쯤은 가뿐하게 견딜 수 있는 건강한 몸이 있습니다.

이러한 이유로 20대는 다음과 같은 투자전략을 세울 것을 권합니다. 앞에 설명한 투자 금액대별 전략과 교집합을 찾아 나가면 좋습니다.

✅ 투자금에 여유가 있다면: 재개발/재건축, 서울/수도권 갭투자

나이가 젊은데 돈까지 많다면 걱정이 별로 없습니다. 조금 높은 리스크를 감수하더라도 도전해보세요. 부동산에서의 리스크는 다른 투자와 달리 원금을 잃을 리스크가 아니라 '기회비용의 손실'을 의미합니다. 재개발/재건축은 투자금이 많이 들고, 시간이 다소 오래 걸리지만 큰 수익을 낼 수 있습니다. 돈이 정말 많다면 서울/수도권 입지 좋은 곳에 있는 재개발/재건축 물건에 들어가는 것이 가장 좋고, 돈이 조금 부족하다면 지방광역시나 중소도시로 눈을 돌려도 좋습니다. 물론 지방으로 눈을 돌린다면 당연히 1~6차 필터링을 통해 최대한 좋은 입지를 골라야 합니다.

재개발/재건축보다 조금 더 낮은 리스크를 선호한다면 서울/수도권에 미리 갭으로 아파트를 매수해놓는 전략도 좋죠. 서울/수도권 역시 하락장이 오면 가격이 내리겠지만 장기적으로 보면 우상향할 확률이 높습니다. 아니, 거의 99% 우상향합니다. 사놓고 장기간 기다릴 수만 있다면 무조건 이기는 게임을 할 수 있습니다. 가용 가능한 예산 안에서 가장 좋은 지역의 좋은 아파트에 갭투자를 해놓으면 됩니다.

✅ 투자금에 여유가 없다면: 지방 갭투자/빌라 경매

앞에서 말은 그렇게 했지만 20대 대부분은 투자금에 여유가 없죠. 그렇다면 다소 리스크가 있더라도 경험치를 쌓을 수 있는 투자를 하는 전략이 좋습니다. 현재 시점에서 서울/수도권에 소액으로 갭투자를 하기는 쉽지 않습니다. 물건이 있다고 하더라도 수도권 외곽일 확률이 높은데, 초보가 이런 물건들에 접근하는 것은 위험합니다. 원래는 수요가 별로 없어 가격 상승이 거의 없는 지역인데, 풍선효과로 인해 일시적으로 가격 상승이 많이 된 지역일 확률이 높으니까요. 이런 지역들은 하락장이 왔을 때의 출구 전략이 만만치 않습니다. 물론 젊은 나이에 실패도 경험이라고 생각한다면 말릴 생각은 없지만, 기왕이면 잃지 않는 투자를 통해 성장하는 것이 좋습니다. 따라서 7차 필터링 과정을 통해 지방에 투자 지역을 선정하고, 투자 가능한 자금 범위 안에서 가능한 단지를 골라 갭투자를 하는 게 좋은 방법이라고 생각합니다. 투자를 여러 번 경험하다 보면 분명 보는 눈이 생기고, 자연스럽게 공부도 더 열심히 하게 되어 있습니다. 투자 금액별 전략은 다음 장에서 자세히 설명해드리겠습니다.

만약 지방 임장이 어렵거나 지방은 아무래도 불안하다고 생각한다면 서울/수도권 빌라를 경매로 매수하는 방법도 괜찮습니다. 경매라는 투자 수단은 기본적으로 본래 가격 대비 싸게 살 수 있다는 장점이 있습니다. 물건만 잘 고른다면 소액으로 여러 번 투자를 경험해볼 수도 있고요. 제가 경매를 20대에게 권하는 이유는, 일반 투자보다 많은 공부가 필요하고, 임장도 많이 다녀야 해서 고생스럽기 때문입니다. 방법만 확실히 익힌다면 정말 좋지만, 그만큼 시간과 노력이 많이 들어갑니다. 돈은 없지만 시간과 열정이 무기인 20대 투자자에게 가장 어울리는 투자 수단이 아닐까 생각합니다.

Case 2 30대

30대는 생각이 많아지는 나이입니다. 결혼 문제가 있는 나이라 결혼을 앞둔 사람이라면 투자가 망설여질 수 있습니다. 당장 신혼집이 필요하니까요. 이미 결혼했다면 곧 아기가 태어날 수도 있고, 애가 태어나면 둘이 있을 때보다 들어갈 돈도 많아집니다. 이런저런 이유를 고려해야 하지만, 냉정하게 본다면 돈 모으기에 가장 좋은 시기는 30대입니다. 아직 아이가 어리니 학비로 큰돈이 들어갈 시기가 아니고, 20대보다 수입은 늘었을 테니까요. 만약 아이가 없는 맞벌이라면 둘이서 버니 돈을 모으기 가장 좋은 때인 거죠. 30대는 여전히 젊은 나이입니다. 아직 시간도 많고, 고생도 충분히 할 수 있는 나이입니다. 애가 어리고 아직 세상 물정 모르니 몸테크도 가능합니다. 선택의 폭이 가장 넓은 나이대입니다.

✅ 투자금에 여유가 있다면: 똘똘한 한 채, 분양권

20대와 마찬가지로 재개발/재건축이나 서울/수도권 갭투자도 충분히 매력적이지만, 가족이 있다면 똘똘한 한 채나 서울/수도권에 실거주 가능한 분양권을 노려보는 게 가장 좋은 투자전략이라고 생각합니다. 투자 가능한 자금 범위 안에서 가장 입지가 좋은 곳을 선택해 실거주하면 됩니다. 평수가 조금 작더라도 입지를 더 좋은 곳으로 옮기는 것이 핵심입니다. 물론 넓은 평수에 연식도 신축이고 주변 환경까지 쾌적하면 더할 나위 없겠지만, 30대는 여전히 젊은 나이고 몸테크가 가능한 나이입니다. 구축(재건축/재개발 포함)이어도 입지가 좋다면 결국 가격은 입지에 수렴하게 되어 있습니다. 기왕이면 입지가 좋은 곳을 선택하세요. 돈도 좋지만 오늘의 삶의 질도 중요하다면, 내가 살 수 있는 가장 좋은 곳의 분양권을 사서 입주하는 게 좋습니다. 2~3년만 버티면 새 아파트에 살 수 있으니 충분히 버틸 수 있고, 서울/수도권 분양이라면 장기적으로 봤을 때 가격 상승도 보장되고, 거주 환경도 좋으니 일거양득의 효과를 누릴 수 있습니다. 다만 장기적인 관점에서는 서울/수도권 외곽의 분양권보다는 서울 핵심입지의 구축이 좋다고 봅니다. 30대라면 충분히 몸테크를 통해 더 큰 이익을 거둘 수 있다는 게 개인적인 의견입니다.

✅ 투자금에 여유가 없다면: 지방 갭투자, 분양권, 재개발/재건축

30대는 나이는 젊어도 굉장히 바쁜 시기입니다. 회사에서도 대리~과장 연차인데, 가장 일이 많을 시기죠. 여기에 아기까지 있다면 가족과의 시간도 충분히 보내야 하고, 집안일도 해야 합니다. 경매에 나서기에는 공부하고 임장 다니는 시간이 부족할 수 있습니다. 청약을 노리기에는 점수가 부족합니다. 그렇다고 서울/수도권에 투자하기에는 자금이 부족합니다. 이런 상황이라면 어쩔 수 없이 지방으로 눈을 돌려야 합니다. 지방에서 본인이 가진 투자 금액으로 구축 갭투자를 하거나, 분양권 또는 재개발/재건축 물건을 고르는 것이 가장 좋은 투자라고 생각합니다.

　지방의 경우 재개발/재건축은 신중하게 접근해야 합니다. 물론 된다면 수익률은 가장 높겠지만, 서울/수도권과 다르게 한 번 어긋나면 영원히 진행되지 않을 수 있다는 리스크가 있습니다. 지을 땅이 많으니 외곽에 몰아서 지어버리면 되거든요. 본인의 투자 성향에 따라 투자 종목을 고르면 될 것 같습니다. 재개발/재건축 → 분양권 → 갭투자로 올수록 리스크가 낮고 투자금은 적게 들지만, 그만큼 수익률도 낮고 돈을 불리는 데 오래 걸릴 수 있습니다. 이때도 기본은 역시 1~7차 필터링 과정이고, 7차 필터링 과정을 통과한 지역 내에서 본인이 원하는 투자 방법으로 물건을 고르면 됩니다.

Case 3 40대

　40대는 가장의 무게가 가장 무거울 나이대입니다. 아이들은 초중고를 다니고, 학비는 많이 들어갑니다. 학원비가 어찌나 비싼지, 나 먹고 싶은 거 참아가며 돈을 모아도 언제나 소득이 부족하게 느껴집니다. 여기에 부모님의 연세도 많아져 병원비나 생활비 등의 목돈도 필요하고, 경조사도 많습니다. 40대부터는 공격적인 투자보다는 잃지 않는 투자를 신중하게 하는 것이 좋습니다. 하지만 100세 시대인 것을 생각하면 아직 투자하기 충분히 젊은 나이고 2030과 비교해 모아 놓은 자금도 많을 확률이 높습니다. 모든 투자 방법에 대한 가능성을 열어두되, 최대한 안전한 투자를 권합니다.

☑ 투자금에 여유가 있다면: 똑똑한 2채 전략, 일시적 2주택 갈아타기

40대에 투자금 여유가 있다면 아마 1주택자일 확률이 높습니다. 뒤에 보유 주택수에 따른 투자전략에서 자세하게 설명하겠지만 자금 여유가 있다면 똑똑한 2주택 전략이 가장 좋아 보입니다. 현재 살고 있는 집이 똑똑하다면 똑똑한 2주택 전략으로, 만약 똑똑하지 못하다고 생각되어 갈아타고 싶다면 일시적 2주택 갈아타기 전략을 쓰는 것이 세금 측면에서 가장 좋습니다. 우선 똑똑한 2주택 전략은 규제지역 1채 구매 후 비규제지역 1채를 구매하는 게 취득세 측면에서 가장 유리합니다. 비규제지역은 2주택까지 취득세가 1.1%이기 때문입니다. 따라서 현재 가지고 있는 주택은 계속 보유하고, 비규제지역 중 가장 좋은 물건을 고르는 겁니다. 여기서 조금 더 나아가면 이 2개가 일시적 2주택 비과세 요건을 갖추면 좋습니다. 일시적 2주택 요건에 대해서는 자세히 알아야 하니 인터넷으로 검색해보세요.

만약 2채까지 보유할 돈과 마음의 여유가 없다면, 갈 수 있는 가장 좋은 지역으로 일시적 2주택 비과세 혜택을 받고 갈아타는 전략이 가장 좋습니다. 서울/수도권의 핵심 입지는 하락장 때 잠깐 하락할 수는 있지만 결국은 장기 우상향합니다. 내 가족이 편하게 실거주할 수 있는 가치까지 생각한다면 실거주할 집을 계속해서 좋은 입지로 점프하는 것이 가장 편하고 쉬운 전략입니다.

☑ 투자금에 여유가 없다면: 청약, 지방 갭투자

40대부터는 청약을 기대할 수 있는 나이입니다. 부양 가족수와 무주택기간에 따라 점수는 천차만별이겠지만, 만약 본인의 청약점수가 경쟁력이 있다고 생각된다면 청약만큼 좋은 전략은 없습니다. 가능한 자금 범위 내에서 가장 좋은 입지에 청약하면 됩니다.

만약 무주택기간이 짧거나, 딩크족 등 청약점수가 부족하다면 지방 갭투자가 가장 안전한 투자 방법이라고 생각합니다. 40대는 잃지 않는 것이 중요하기 때문에 7차 필터링 과정을 정말 꼼꼼하게 분석해야 합니다. 분석만 제대로 됐다면, 투자금을 뭉쳐 최대한 좋은 지역의 좋은 입지에 투자합니다.

Case 4 50대 이상

50대는 리스크 관리가 가장 중요합니다. 되도록 우량자산에 투자하는 것이 좋고, 여기에 현금흐름까지 나온다면 더할 나위 없습니다. 50대는 개인별로 투자금 차이가 크기 때문에 뭉뚱그려 말하기가 참 어렵습니다. 가장 중요한 조건인 리스크 헷지 측면에서 잃지 않는 투자를 해야 합니다.

✅ 투자금에 여유가 있다면: 경매(빌딩 or 상가), 분양권

건물주는 누구에게나 로망입니다. 50대는 은퇴가 가까워졌거나, 이미 은퇴했을 나이대입니다. 그래서 현금 흐름을 확보하는 것이 무엇보다 중요합니다. 아파트를 월세 주는 것도 좋지만 현금 흐름 측면에서는 빌딩이나 상가가 더 나은 선택지일 수 있습니다. 물론 기본적으로 좋은 물건을 고른다는 전제가 필요합니다. 상가의 경우 공실이 생기지 않는 것이 무엇보다 중요하기 때문에, 비싸더라도 공실 리스크가 적은 물건을 골라야 합니다. 경매를 통해 본인의 건물을 가지는 방법도 생각해보세요. 요즘은 낙찰가율도 많이 올라서 일반 매매와 비교해 아주 좋다고 보긴 어렵지만, 그래도 대출이나 절대가격 측면에서 여전히 경매가 유리한 것은 사실입니다. 자녀들이 어느 정도 컸으니 다른 나이대에 비해 상대적으로 본인만의 시간을 만들기 쉽죠. 그 시간을 통해 경매를 깊게 공부한다면 분명 매력적인 투자 수단이 될 것입니다.

만약 경매가 성향에 맞지 않는다면 분양권이 가장 안정적인 투자처입니다. 분양권은 확실히 아파트가 될 물건이기 때문에 리스크가 없습니다. 투자 가능 금액을 고려해 물건만 잘 고른다면 가장 쉽고 편한 투자처입니다. 이때도 거주요건이나 전매제한 등의 조건은 꼼꼼히 따져봐야 합니다.

✅ 투자금에 여유가 없다면: 청약, 지방 갭투자

40대와 같은 전략을 쓰는 것이 좋습니다. 50대까지 무주택이었다면 무조건 청약을 넣으세요. 가용 가능한 범위 내에서 가장 좋은 입지의 좋은 물건을 선택하면 됩니다. 역시나 청약점수가 낮다면 위험 부담이 적은 지방 갭투자를 통해 노후자금을 마련할 것을 권합니다. 40대와는 조금 다르게 50대부터는 절대적으로 리스크 관리가 가장 중요합니다. 아이러니하지만 장기적인 관점으로 접근하는 것이 좋다고 생각합니다. 수익이 다소 적더라도 리스크를 분산하는 게 낫습니다. 투자금을 한 번에 뭉쳐서 1개의 물건에 투자하는 전략보다 같은 투자금으로 2~3개의 물건에 분산투자하는 전략을 권합니다. 확률상 뭉쳐서 투자하는 것보다 수익률이 낮을 수 있지만, 그만큼 리스크도 낮아지니까요. 혹시 1개의 물건에서 손해가 나더라도 다른 물건들의 수익으로 보완할 수 있습니다.

투자금에 따른 투자전략

Case1 1천만 원 미만

✅ 똘똘한 지방 2~3급지의 갭투자

가진 돈이 1천만 원 이하라면 세금과 기타비용을 제외한 실제 투자금액(실투금)은, 물건에 따라 다르지만 7백만 원 이하 정도가 되어야 합니다. 1~4차 필터링을 통해 지역을 선정하더라도 1급지에 이런 물건이 남아 있을 확률은 낮습니다. 어쩔 수 없이 1급지 대비 덜 오른 2~3급지에서 최대한 똘똘한 물건을 찾아야 합니다. 선택지가 많지는 않지만, 아예 없는 것도 아닙니다. 주택 보유수에 따라 달라지기는 하겠지만 취득세가 1.1%인 지역에서 가장 입지가 좋고 갭이 적은 물건을 찾는 것이 좋습니다. 그런 물건을 찾는 게 어렵다곤 해도 투자금이 부족하니 더 열심히 공부하고 손품, 발품

팔아서 좋은 물건을 찾을 수 있도록 노력해야 합니다. 찾다 보면 지금도 보석 같은 물건이 지방 곳곳에 숨어 있습니다. 7백만 원 이하의 갭이라면 공시가 1억 이하일 확률이 높지만, 꼭 공시가 1억 이하만 찾기 위해 노력할 필요는 없습니다. 아파트의 절대가격이 올라갈수록 세금과 중개수수료도 올라가니, 잘 계산해서 투자금 내에서 가장 좋은 물건을 찾는 것이 가장 현실적인 투자 방법이라고 생각합니다.

참고로 아직도 전국에서 무피(매매가와 전세가가 같음)투자나 플피(매매가보다 전세가가 비쌈)투자를 하는 사람이 많습니다. 전세가가 많이 상승한 지역에서 나타나는 현상이고, 2년 뒤 역전세 리스크에 대비하는 주의가 필요하지만 2차 필터링을 제대로 한다면 가능합니다. 부동산 투자는 돈이 많이 필요하다고 생각하는 것 자체가 편견이고 잘못된 고정관념일 수 있다는 생각으로, 지방 곳곳의 숨은 진주들을 찾아 열심히 공부했으면 좋겠습니다. 노력하면 노력할수록 저가치가 아닌 저평가된 물건에 가까워질 수 있습니다.

Case 2 1천만 원~5천만 원

✅ 경매 or 지방 분양권 or 지방 갭투자

경매는 '입찰보증금'이라는 것이 있습니다. 경매투자를 하려면 경매 물건의 최소 10% 정도는 현금으로 가지고 있어야 한다는 이야기입니다. 따라서 아무리 저렴한 물건이라도 1천만 원 이하의 금액으로 경매를 시작하기는 무리입니다. 하지만 투자금이 1천~5천 사이라면 도전해볼 만합니다. 물건마다 가격은 천차만별이지만 아직 젊거나 의지가 있다면, 빌라나 소액 아파트 투자는 가능한 금액입니다.

잘만 구하면 지방의 분양권도 구매할 수 있습니다. 물론 분양가가 낮고 피가 낮을수록 그만큼 물건이 좋지 않을 확률도 높지만, 충분한 공부를 통해 해당 지역과 아파트가 올라갈 수 있다는 확신이 있다면 도전해보세요. 분양권은 프리미엄과 계약금만 있으면 일단은 투자할 수 있으니 소액으로 접근하기에도 괜찮습니다.

현실적으로 좋은 물건을 만날 확률은 지방 갭투자가 높습니다. 투자금이 5천만 원이라고 하면 선택지는 꽤나 많아집니다. 5천만 원을 2개의 투자로 쪼개기에는 다소 부족한 금액이니 물건 1개에 투자하는 것이 가장 좋지만, 본인의 상황상 리스크 헷지가 가장 중요하다면 2개로 쪼개는 방법도 괜찮습니다. 지방이라도 5천만 원 이하로 투자할 수 있는 곳이 많지는 않지만 목포의 남악신도시나 군산의 수송동, 천안의 두정동 등이 가능합니다. 핵심 입지까지는 아니지만 괜찮은 입지로 한 단계 눈을 낮추면 전국에 투자 범위에 들어오는 지역들은 꽤 많습니다. 청주의 산남동, 구미의 봉곡동, 포항의 양덕동 등 저평가된 곳들은 얼마든지 찾을 수 있습니다(21년 7월 기준).

Case 3 5천만 원~1억

✅ 수도권 갭투자 or 지방 분양권 or 지방 1급지 갭투자

5천만 원 이상이면 선택지가 꽤 다양해집니다. 수도권 외곽으로 눈을 돌리면 투자금 범위 안에 들어오는 아파트들도 있습니다. 다만 수도권 갭투자의 경우 항상 하락장을 준비해야 한다는 걸 기억하세요. '가능한 한 입지가 좋은 곳에, 가능한 한 주변 입주물량이 없는 곳으로' 선택하는 것이 포인트입니다. 갭이 적고 싸다고 수도권의 아무 물건이나 고르는 것은 반대합니다. 수도권이더라도 하락장이 오면 크게 하락할 지역도 많기 때문입니다. 현재 서울/수도권은 많이 오른 상태라서, 지금보다 조금 더 오를 수는 있겠지만 저평가 상태라고 보기는 어렵습니다. 지방보다 더 신중하게 입지를 비교하고 결정해야 합니다.

5천만 원 이상이 있다면 지방 분양권 중에서도 꽤 괜찮은 물건을 선택할 수 있습니다. 2~3차 필터링을 통해 향후 오를 지역이라는 확신이 든다면 해당 지역의 분양권을 선택해보세요. 분양권 역시 너무 외곽에 있어 인프라가 절대적으로 부족한 경우라면 조심해야 합니다. 신축 프리미엄으로 어느 정도 상승할 수는 있지만, 입지가 너무 안 좋은 경우 나중에 실수요자들의 외면을 받을 확률도 배제할 수는 없습니다.

5천~1억의 투자금이면 지방 중소도시의 1급지 투자가 가능한 금액입니다. 이 정도 투자금이면 꽤 선택지가 많죠. 2~4차 필터링을 통해 지역 선정을 잘하고, 무엇보다 4차 필터링을 통해 현재 가장 저평가된 물건을 찾는 것이 핵심입니다. 1급지들은 이미 많이 상승했기 때문에 향후 상승 가능성이 크더라도 투자금 대비 수익률에 큰 차이가 생길 수 있습니다. 그러니 투자금이 가장 적게 들어가면서도 다른 지역 1급지 대비 가격이 덜 오른 물건을 찾으려는 노력이 필요합니다. 또 투자금이 커진 만큼 물건의 절대가격도 비쌀 확률이 높은데, 전세수요가 탄탄한 지역을 잘 골라서 2년 뒤 전세금을 최대한 많이 올려 받을 수 있는 지역과 물건을 선택하세요.

Case 4 1억 이상

✅ 일시적 2주택 갈아타기, 지방 재건축, 분양권

모든 경우를 설명할 수 없으니 1억 이상은 한 번에 설명하겠습니다.

만약 일시적 2주택 전략으로 상급지 이동이 가능한 상황이라면 이 전략을 쓰는 게 좋습니다. 특히 투자보다는 안전하게 자산을 불리고 싶은 사람이라면 이 전략만큼 좋은 전략은 없습니다.

시간에 투자할 수 있는 상황이라면 지방 재건축 물건 쪽을 공부해보는 것도 괜찮습니다. 재건축은 되기만 하면 높은 수익률을 보장합니다. 다만 현재 기준으로 많은 투자금이 들어간다는 단점이 있죠. 본인의 예산 상황에 맞게 확실한 재건축 물건을 고른다면 높은 수익률을 기대해볼 수 있습니다. 지방 재개발의 경우 더 많은 공부가 필요한데, 지방의 특성상 임장을 자주 다닐 수 없으니 한 번에 높은 수익률을 올리고 싶다는 확고한 의지가 없다면 권하지 않겠습니다. 1억 이상을 지방 재개발에 묻기에는 상대적으로 리스크가 크다고 생각합니다.

마지막은 분양권입니다. 분양권 역시 투자 가능한 범위 내에서 가장 좋은 지역의 좋은 입지의 아파트를 선택하면 됩니다. 분양권의 경우 상대적으로 리스크가 낮으니 세금과 거주요건 등을 잘 고려해서 투자하면 됩니다. 만약 1억 이상으로 지방 갭투자를 할 생각이라면 지역의 대장아파트를 선택하세요. 많은 선택지 중에 굳이 지방을 선택한다면, 가장 좋은 물건을 고르는 것이 수익금 측면에서 당연히 제일 좋습니다. 지방에서도 똘똘한 한 채 전략은 여전히 유효하기 때문입니다.

03
보유 주택수에 따른
투자전략

Case 1 무주택자

✔ 실거주 목적이라면 하락장을 기다리지 말고 그냥 사라

현재 무주택자라면 어떤 방법으로든 주택을 매수할 것을 권합니다. 청약도 좋고, 실거주할 집을 미리 갭투자로 사놓아도 좋고, 투자 목적으로 지방에 갭투자를 해도 좋습니다. 만약 나이가 40대 이상이거나 자금 여유가 있다면 실거주할 집 마련을 고민하지 마세요. 청약점수가 높다면 청약을 기대하면서 조금 더 무주택기간을 늘릴 수는 있지만, 만약 청약점수가 낮다면 지금이라도 최대한 좋은 입지에 있는 아파트를 매수하세요. 일단 어떤 방식으로든 무주택에서 벗어나는 것은 필수입니다. 무주택을 탈출해야 하는 이유는 아주 간단합니다. 부동산 자산의 가치는 장기적으로 우상향하기 때문입니다. 더 정확히 이야기하면 시간이 갈수록 화폐 가치는 하락하고, 내가 들고 있는 자산 가치는 올라갑니다.

이런 이유로 자본주의 시대에서 가장 경계해야 하는 것이 현금을 들고 있는 것입니다. 전세를 살면 내 돈이 안전하게 보관된다는 생각에서 벗어나는 것이 자본주의 시대를 살아가는 기초 지식이며, 부동산 투자의 기본입니다. 물론 하락장 바닥에서 사서 상승장 꼭대기에서 팔면 좋겠습니다만 그런 투자를 할 수 있는 사람은 거의 없습니다. 운이 좋아 1~2번 맞출 수는 있겠지만 계속해서 그 타이밍을 맞추는 것은 불가능에 가깝죠. 무릎에서 사서 어깨에서 팔라는 유명한 투자 격언이 이럴 때 적용됩니다. 제아무리 뛰어난 능력이 있어도 매번 발바닥에서 사서 머리 꼭대기에서 파는 것을 반복할 수는 없으니까요. 초고수들도 저점과 고점을 예측하기 어려운데, 지극히 평범한 우리가 그것을 예측하고 그 타이밍을 노려서 집을 매수한다는 것 자체가 어불성설입니다. 무주택자라면 지금이 너무 비싼 가격이라고 생각하지 말고, 떨어지면 사겠다고 생각하지 말고 인플레이션 헷지 개념에서 그냥 실거주할 집을 매수했으면 좋겠습니다. 실거주할 집은 향후 몇 년간 집값이 내리더라도 큰 타격이 없습니다. 어차피 장기적으로 봤을 때 우상향할 가능성이 크니 10년 이상 들고 간다는 생각으로 자금 내에서 최대한 좋은 집을 살 수 있도록 공부하는 것이 더 중요합니다.

✔ 투자 목적이라면 선 규제+후 비규제

만약 나이가 젊고 자금이 부족하다면 실거주할 집을 사서 바로 입주하거나 서울/수도권에 갭으로 사는 것이 불가능할 수 있습니다. 그런 경우라면 거주와 투자를 분리하는 전략이 좋습니다. 실거주하는 집은 전세나 월세로 최대한 저렴하게 거주하고(몸테크), 투자를 통해 자산을 증식해 나가는 방법입니다. 투자할 때 현재 무주택자에게 가장 좋은 전략은 규제지역의 아파트를 먼저 매수하고, 그 후에 비규제지역의 아파트를 매수하는 것입니다. 이유는 취득세 때문입니다.

무주택자가 1주택자가 될 때는 규제, 비규제 상관없이 1.1%의 취득세만 냅니다. 주택가격에 따라 조금씩 다르지만 여기서는 가장 일반적인 1.1%로 가정하겠습니다. 그런데 2주택자가 될 때부터는 세금이 달라집니다. 1주택자가 2주택이 될 때 규제지역을 매수한다면 취득세를 8%를 내지만, 비규제지역을 매수한다면 1.1%만 내면 됩니다. 일시적 2주택 상황이 아니라는 가정입니다. 따라서 규제지역에서 투자금 범위 안에 들어오는 가장 똑똑한 물건을 먼저 매수하는 게 좋습니다. 규제지역으로 지정되었다는 것은 그만큼 사려는 사람이 많고 가격이 오른다는 이야기이기 때문에 역설적으로 규제지역이 더 많이 오를 확률이 높습니다. 장기적으로 봐도 규제지역의 물건은 꾸준히 수요가 있는 지역일 확률이 높아 비규제지역보다 경쟁력이 있습니다. 그다음 단계로 투자금이 남거나 투자금을 다시 모았다면 비규제지역에서 향후 상승 가능성이 많은 지역을 선정하고, 그중에 가장 똑똑한 물건에 투자하면 됩니다. 그 이후의 전략은 다주택자 전략과 같으니 뒤에서 자세히 설명하겠습니다.

Case 2 1주택자

현재 1주택자라면 선택의 갈림길에 섭니다. 개인적인 의견을 말하자면 단기적으로는 상급지로 갈아타는 전략이 좋고, 장기적으로는 투자자의 길로 들어서는 것이 좋다고 생각합니다.

상급지로 갈아타는 전략	vs	현재 주거 환경을 유지하거나 오히려 주거 비용을 줄여서 투자자의 길로 가는 전략

✅ 일시적 2주택 갈아타기

우선 1주택자가 상급지로 이동하는 경우 대부분 일시적 2주택 비과세로 갈아타기가 가능합니다. 이는 세금 측면에서 엄청난 혜택입니다. 만약 A 주택을 4억에 매수해서 9억에 매도하고 B 주택을 12억에 매수해 갈아타는 상황이라고 가정하면, 2개의 주택이 일시적 2주택 요건만 갖추면 A 주택의 양도세는 0원입니다. 현행법상 9억 이하까지는 일시적 2주택 비과세를 오롯이 다 받을 수 있기 때문입니다. 만약 9억을 초과한 가격에 매도한다고 하더라도 9억까지는 비과세가 되고 그 이상의 금액에만 세금이 매겨지기 때문에, 이 경우에도 일시적 2주택 비과세 전략은 역시나 유효합니다. 가고자 하는 신규 주택의 가격이 더 비싸니 당연히 주택담보대출도 더 많이 나올 것이고, 여기에 매도차익으로 생긴 금액까지 더해지면 충분히 상급지로 이동이 가능합니다. 물론 상급지 가격은 더 많이 올라있을 거고 15억 이상은 대출조차 안 나오니 상황별로 제약이 생길 수 있지만, 상급지와 하급지의 가격이 최대한 가까이 붙는 타이밍을 잘 계산해서 들어간다면 1주택자에게는 가장 좋은 전략일 수 있습니다.

상급지로 갈아타기 좋은 시기는 상승장이 아니라 하락장입니다. 보통의 경우 상승장에서는 상급지가 더 많이 치고 올라가기 때문에 현재 내 주택을 팔더라도 상급지를 살 수 없는 경우가 많습니다. 반면에 하락장에서는 오히려 많이 올랐던 가격이 더 많은 조정을 받으면서 하급지와의 격차가 줄어드는 경우가 많이 생깁니다. 특히 재건축 아파트의 경우 상승장에서는 정말 무섭게 치고 올라가지만, 하락장을 맞으면 더 무섭게 가격이 하락해서 하급지와 가격 차이가 크지 않기도 합니다. 이럴 때가 상급지로 갈아타기 좋은 타이밍입니다. 물론 상승장에서도 순간적으로 하급지가 많이 치고 올라가면서 상급지와의 갭이 좁혀져 상급지로 갈아타기 좋은 시기들이 있으니, 항상 현재 주택과 가고 싶은 주택의 가격을 확인하는 습관을 들이는 것이 중요합니다.

✅ 다주택 전략

세금 측면 그리고 단기적인 관점에서의 자산 증식은 분명 일시적 2주택 갈아타기 전략이 좋습니다. 하지만 장기적인 관점에서 본인이 부자가 되고 싶거나 부자까지는 아니더라도 부족함 없는 노후를 준비하고 싶다면 다주택 전략이 훨씬 괜찮은 선택이라고 생각합니다.

예) 1주택자였던 김시브 님은 위례에 가지고 있던 주택가격이 10억까지 올랐습니다. 위례가 살기 좋고 굉장히 만족스럽기는 했지만 교통도 불편하고 아이 교육을 생각해서 과천으로 이사하기로 결정했습니다. 평수를 넓혀서 가기는 힘들지만 59㎡ 평형을 13억에 계약했습니다. 9억을 제외한 나머지 1억에 대해서만 양도세를 내면 되니 큰 부담이 없었고, 그동안 와이프와 맞벌이로 돈도 열심히 벌고 절약해서 13억에 과천 입성이 가능했습니다. 이제 목표는 과천 내에서 조금 더 큰 평수로 갈아타는 것입니다. 과천은 웬만한 서울보다도 좋은 입지인 데다가, 쾌적성과 교육 측면에서는 더할 나위 없어서 과천에서 노후까지 보낼 생각입니다.

지역만 다를 뿐 많은 사람이 김시브 님과 비슷한 상황일 것입니다. 조금 더 좋은 지역으로 이사 가서 애들 잘 키워서 노후까지 집 걱정 없이 살고, 노후는 국민연금, 퇴직연금, 개인연금 그리고 주식투자 등을 통해 준비하는 거죠. 그런데 잘 생각해보면 내가 사는 환경이 바뀌었을 뿐 내 수중에 실제로 들어오는 돈은 전과 똑같습니다. 집을 팔아 하급지나 작은 평형으로 옮기고 대신 현금을 손에 쥐는 게 아니라면 사이버머니만 늘어난 셈입니다. 오히려 세금만 더 많이 나가죠. 물론 상급지로 옮기면 삶의 질이 올라가고 향후 주택가격 상승 측면에서도 훨씬 유리한 건 사실이지만, 결국 팔지 않으면 상급지나 하급지나 똑같은 집 한 채라는 사실에는 변함이 없습니다. 이게 바로 1주택자의 딜레마입니다. 그래서 1주택자라도 상급지로 갈아탄 이후에 테크트리를 잘 타는 것이 중요합니다. 결국 지속적으로 부를 증식하고 돈이 돈을 버는 시스템을 만드는 것은 1주택이 아니라 다주택일 때 가능하다는 이야기입니다.

만약 실거주 가치를 우선시한다면 일시적 2주택 전략으로 가고 싶은 상급지에 정착한 후에 다주택 전략으로 가면 됩니다. 다주택으로 가는 시간은 그만큼 오래 걸리겠지만, 그동안 거주하고 있는 집의 시세는 상대적으로 더 많이 오를 겁니다. 다만 그 집을 이용해 추가적인 자금을 창출하고 활용할 수는 없으므로 근로소득이나 주식투자 등 다른 방법을 통해 투자금을 확보하려는 노력이 필요합니다. 만약 투자 가치를 우선시한다면 상급지로 갈아타기보다는 반대로 실거주 비용을 줄이고, 투자에 집중하여 빠르게 다주택 전략으로 가는 것이 좋습니다. 여러 개의 주택에서 얻은 시세차익을 바탕으로 재투자를 하든, 뭉쳐서 상급지로 갈아타든 할 수 있습니다. 이것은 제가 실제로 진행하고 있는 전략으로, 향후 제가 가고 싶은 지역에 적절한 매수 타이밍이 왔다고 판단되면 모든 투자 물건을 정리하고 똑똑한 실거주 1채를 매수할 생각입니다. 그렇게 1주택을 만든 후 다시 다주택으로 가는 것이 현재 저의 투자전략입니다. 물론 이 투자전략은 상황에 따라 바뀔 수 있지만 결국 다주택 포지션을 유지한다는 것에는 변함없을 것 같습니다.

Case 3 다주택자

개인적으로 부동산으로 돈을 벌 수 있는 가장 확실한 방법은 다주택자가 되는 것이라고 생각합니다. 똘똘한 나의 아이들이 시간이라는 열매를 먹고 무럭무럭 스스로 자라는 것이죠. 하지만 과거와 다르게 다주택자들에게는 엄청난 세금 페널티가 있습니다. 많은 사람이 세금 때문에 다주택자로 가는 것을 꺼리면서 세금 내고 나면 남는 게 없다고들 하는데, 과거보다 장점이 줄어들긴 했지만 여전히 유효합니다. 특히 현재 자산 규모가 크지 않아 종부세 부담이 없다면 더 그렇습니다. 부린이가 세금 걱정 때문에 다주택자가 되길 꺼리는 것은, 구더기 무서워 장 못 담그는 것과 똑같은 겁니다. 간단한 예시를 들어보겠습니다.

예) 김시브 씨는 4주택자입니다. 서울 12억(공시가 8억)+김해 4억(공시가 2.5억)+군산 1.5억(공시가 1억)+원주 1.5억(공시가 1억)을 보유 중인데, 이때 종부세는 얼마 정도 될까요?

대략 930만 원입니다. 주택가격의 합이 예의 경우처럼 19억 정도가 되어야 이 정도고, 재산세까지 합치면 약 1,230만 원 정도입니다. 월 100만 원을 적금에 넣는 것보다 저는 연 1,230만 원을 내고 4주택을 유지하는 게 훨씬 이득이라고 생각합니다. '이 4주택을 합쳐서 1년에 1천만 원도 안 오를까?'를 생각해보면 답이 쉽게 나올 겁니다. 그러니 월 100만 원 이상의 저축이 가능하고 주택가격의 합이 19억보다 적은 사람이라면 큰 고민 없이 다주택자의 길을 가라고 말하고 싶습니다. 공동명의나 법인투자를 이용하면 절세도 가능합니다. 재산세와 종부세 계산은 부동산 계산기를 통해 쉽게 해볼 수 있으니 개인의 현재 상황을 먼저 파악한 후에 다음 방법 중 하나를 선택하면 될 것 같습니다.

✅ 공시가 1억 이하

현재 많은 투자자가 공시가 1억 이하인 물건에 들어가고 있습니다. 여러 장점이 있지만 가장 큰 장점은 취득세가 1.1%라는 점입니다. 또 양도세에서도 수도권, 광역시, 세종시 이외 지역의 공시가 3억 이하 주택은 중과배제가 됩니다. 중과배제는 주택수에서도 제외되기 때문에 공시가 1억 이하 주택은 매수하고 매도하는 데 큰 부담이 없습니다. 중과세에서 배제된다는 것이지 양도세를 계산할 때 아예 주택수에서 배제되는 것은 아니므로 세금 부분은 따로 더 자세하게 공부해야 합니다.

만약 현재 3주택 이상이거나 종부세 커트라인에 있는 사람이라면 공시가 1억 이하를 공략해보는 것이 좋습니다. 현재 재건축 이슈가 있는, 지방의 공시가 1억 이하 아파트는 이미 많이 상승했습니다. 하지만 주변 아파트들의 가격이 다 올라갈 때 본래 가치 대비 제대로 오르지 못한 물건들도 있기 마련입니다. 입지 가치는 재건축 이슈가 있는 단지보다 우수하지만 투자자의 관심을 덜 받아서 저평가 상태일 확률이 높습니다. 이런 물건들을 열심히 찾아보길 권합니다.

✅ 취득세 감수

공시가 1억 이하 주택이 취득세의 주택수 합산 및 중과배제 주택이 된 이유는 이 물건들을 투기대상으로 보기 어렵기 때문입니다. 즉, 가치가 낮아 많이 오르기 어려운 물건이라는 뜻이죠. 당연히 1억을 초과하는 물건들이 입지도 더 좋고, 가격도 많이 오를 확률이 높습니다. 따라서 높은 취득세를 감수하고서라도 더 좋은 물건에 투자하는 쪽이 오히려 수익률 측면에서 우수할 수 있는 거죠. 어차피 취득세는 양도차익을 계산할 때 낸 만큼 제외되니 그냥 먼저 내는 투자금 개념으로 생각하면 됩니다. 그래서 2주택 이상이 되었을 때도 투자금이 충분하다면 취득세 때문에 비조정을 선택하는 것보다 역발상으로 조정지역을 선택하는 게 좋은 선택지가 될 수도 있다는 겁니다.

예를 들어 청주 같은 경우는 가격이 급격하게 올라서 조정지역이 되었는데, 사실 청주는 1급지 정도만 많이 오르고 2~3급지는 많이 오르지 못했습니다. 다른 여러 지역을 비교평가해 봐도 청주 2~3급지 가격은 대부분 저평가된 것으로 나옵니다. 만약 취득세를 감당할 수 있는 수준이라면 청주처럼 본래 가치 대비 덜 오른 조정지역에 투자하는 것도 괜찮은 방법입니다. 구력이 오래된 투자자들이 취득세를 13.2%나 감당하면서 지속적으로 투자하는 이유가 바로 이것입니다.

✅ 법인투자

개인 명의가 종부세에 부담되는 상황이라면 법인투자를 고려해볼 만합니다. 전과 비교해 혜택이 많이 줄어서 매력이 상당히 떨어졌지만, 여전히 1년 단타 등의 방법으로 많은 투자자가 법인투자를 활용하고 있습니다. 개인 명의로 1년 미만 보유 후 매도하면 양도세가 70%까지 나오지만, 법인은

30~40%만 내면 되기 때문에 상대적으로 별거 아니라는 인식도 있고, 6월 이후에 매수하고 다음 해 6월 이전에 매도하면 종부세 부담도 없어서 이 방법이 유행하고 있습니다. 하지만 법인투자의 경우 일부 지역에서는 전세를 맞추기 어려울 수 있고, 모두가 같은 생각을 하는지라 6월 전 매도가 쉽지 않을 수도 있습니다. 아직 초보 단계인 부린이라면, 법인투자는 절세를 위한 최후수단 정도로 생각하고 접근하는 것이 좋습니다.

지금까지 상황별 투자전략에 관해 설명했습니다. 다시 한번 강조하지만 투자에 '절대'라는 것은 없습니다. 앞에서 조건별로 설명한 전략이 본인의 상황에 맞지 않을 수도 있습니다. 무조건 이렇게 해야 한다는 게 아니라 제가 생각하는 최선의 전략을 말한 것뿐이니 본인의 성향과 상황을 잘 생각해서 후회 없는 선택을 했으면 좋겠습니다. 언제나 그렇습니다. 인생은 삶(Birth)과 죽음(Death) 사이의 선택(Choice)입니다.

투자, 그리고 인생은 마라톤이다

저는 투자를 시작하기 전에 '뛰기'를 시작했습니다. 제 단점 중 하나가 '끈기'라서 이를 극복해보자는 나름의 노력이었죠. 처음 시작할 때는 거짓말 하나도 안 보태고 딱 200m 뛰고 숨이 차서 포기했습니다. 그래도 일주일에 한 번만 뛰자는 마음으로 뛰기를 멈추지 않았고, 일주일에 2번, 3번으로 횟수도 늘리고 거리도 500m, 1km로 늘려나갔습니다. 그러다 보니 어느새 10km 마라톤 출발선 앞에 서 있더라고요. 저는 마라톤을 뛰면서 인생은 참 마라톤과 비슷하다는 생각을 많이 했습니다. 마라톤의 출발선은 누구에게나 공평합니다. 대통령이든 국회의원이든 저 같은 흙수저든 말입니다. 누군가는 이렇게 반론할 수 있습니다.

부동산이 마라톤과 같아? 종잣돈 1억을 가지고 투자를 시작한 사람과 1천만 원을 가지고 시작한 사람의 출발선이 같다고 볼 수 있나? 맞는 말입니다. 분명 출발선은 다릅니다. 하지만 생각해보면 마라톤도 출발선과 도착선만 같을 뿐 뛰는 사람의 조건은 다 다릅니다. 누군가는 평생 운동만 한 건강한 신체를 가진 사람일 수 있고, 누군가는 사고로 한 발을 잃어 의족을 가진 사람일 수도 있으니까요. 저마다의 환경과 조건이 모두 다르니 출발점부터 결승점까지 들어오는 시간에는 차이가 있을 겁니다. 하지만 제가 가장 중요하게 생각하는 것은 언제 들어오느냐가 아니라 '끝까지 완주하느냐'입니다. 투자와 마라톤 모두 나만 끝까지 포기하지 않는다면 결국은 목표를 달성할 수 있다고 믿습니다.

마라톤 초보들이 흔히 하는 실수 중 하나가 초반 스퍼트입니다. 2~3km 정도까지는 잘 뛰는 사람들과 페이스를 맞춰 뛸 수 있습니다. 하지만 거리가 늘어나면 늘어날수록 점점 페이스 조절이 힘들어지다가 뒤처지면서 걷거나 쉬게 됩니다. 그러다가 역시 나는 마라톤과 안 맞는다고 생각하면서 아예 마라톤을 포기해버리는 사람도 많죠. 사실 중요한 것은 기록이 아니라 완주인데도 말입니다. 우리는 대회에서 상금을 노리는 아마추어 고수도, 기록이 중요한 마라톤 선수도 아닙니다. 가장 중요한 것은 내가 뛰고 싶은 거리를 끝까지 포기하지 않고 어떻게든 완주하는 겁니다. 비록 중간에 걷거나 쉬거나 잠깐 눕더라도 말입니다. 현재의 기록이 좋지 않더라도 포기하지 않고 끝까지 간다면 완주라는 목표를 이룰 수 있습니다. 중간에 포기해버리면 지금까지 뛰었던 거리와 노력, 고통, 인내는 달콤한 결실이 아니라 씁쓸한 경험으로 남을 뿐입니다. 그래서 마라톤 완주가 목표라면 반드시 페이스 조절이 필요합니다.

투자도 마찬가지입니다. 투자하다 보면 잘하는 사람이 너무나도 많습니다. 책을 보거나 강의를 들으면 내가 너무 뒤처진 것처럼 느껴지고 초라해집니다. 누구는 3년 만에 10억을 벌었다는데, 한 건의 투자로 3억을 벌었다는데 나는 뭐지? 계속 남과 비교하며 지쳐갑니다. 하지만 투자는 남과 경쟁하는 상대평가가 아닙니다. 나의 목표를 달성하는 절대평가에 가깝습니다. 마라톤을 뛸 때 남과의 경쟁이 아니라 오로지 10km 완주라는 혼자만의 목표를 달성하는 것과 똑같지요. 남들과 비교하기 시작하면 비참해지거나 교만해질 뿐입니다.

저는 '투자는 평생 하는 것'이라고 생각합니다. 그래서 내가 정한 목표가 명확한가, 그 방향으로 올바르게 가고 있는가만 지속적으로 확인합니다. 3년이 걸리든 30년이 걸리든 크게 중요치 않으며, 한 번에 몇억을 버는 투자에 집중하지도, 그런 사람들을 부러워하지도, 조급해하지도 않습니다. 여러분도 그랬으면 좋겠습니다. 그냥 본인의 페이스에 맞게 평생 투자한다고 생각하고, 천천히 뚜벅뚜벅 그 길을 걸어갔으면 좋겠습니다. 마라톤처럼요.

이제 막 뛰기 시작한 사람이 바로 10km를 완주하는 것은 굉장히 어려운 일이고, 막상 하려면 발이 떨어지지 않을 것입니다. 처음에 가장 중요한 것은 한 걸음을 내딛는 것입니다. 우선 한 걸음을 내디딘 후 100m만 뛰어보고, 그다음엔 300m도 뛰다 보면 점점 뛸 수 있는 거리가 늘고 있음을 확인할 수 있을 겁니다. 제가 그랬던 것처럼요. 그러니 너무 두려워 말고 방향을 정했다면 그냥 한 번 해보세요. 그게 한 건의 투자가 될 수도 있고, 강의를 듣는 것일 수도 있고, 책을 읽는 것일 수도 있습니다.

'You can if you think you can'

제 인생의 좌우명은 2개입니다. '할 수 있다고 생각하면 할 수 있다'와 '이 또한 지나가리라'입니다. 안 좋은 일이 발생하거나 몸과 마음이 너무 힘들 때면 '이 또한 지나가리라'라는 주문을, 나 자신에게 긍정 에너지를 불어넣어야 할 때나 어떤 미션이 닥칠 때면 '할 수 있다고 생각하면 할 수 있다'라는 주문을 되뇝니다. 꼭 저 문장이 아니더라도 긍정의 주문이 인생에 미치는 영향은 아주 큽니다. 수능을 앞둔 수험생이나 조 과제 발표를 앞둔 대학생, 어려운 프로젝트를 맡은 직장인 등 우리가 현실에서 마주하는 수많은 상황에서 '할 수 있다'라고 생각하는 것만으로도 긍정적인 결과가 나오는 경우를 흔치 않게 보곤 합니다.

여기 부자가 되기로 마음먹은 두 사람이 있습니다. '할 수 있다'라고 생각하는 사람과 '나는 못 할 거야'라고 생각하는 사람의 차이는 무엇일까요? 전자라면 일단 뭐라도 어떤 노력이라도 해볼 것입니다. 부자에 관한 책이나 영상을 찾아볼 수도 있고, 강의를 들을 수도 있으며, 안 쓰던 가계부를 쓰기 시작할 수도 있습니다. 이처럼 목표를 세우고 '할 수 있다'라고 생각한다면, 그 목표를 이루기 위한 작은 행동을 시작할 확률이 높습니다. 하지만 '그걸 어떻게 하겠어'라고 생각한다면, 그 목표에 대해 아예 시작도 하지 않거나, 노력을 덜 할 확률이 높을 겁니다. 그래서 할 수 있다고 계속 긍정에너지를 넣는 것이 중요한 것이죠. 리우올림픽에서의 박상영 선수가 계속 '할 수 있다'라고 되뇌던 것이 조금 더 적극적으로 펜싱칼을 내미는 원동력이 되어 승리로 이어진 것이고, 유느님이 그런 것처럼 말하는 대로 될 수 있다는 믿음이 작은 행동들을 바꿔 성공으로 이어졌을 겁니다.

'할 수 있다고 생각하면 할 수 있다'

이 좌우명은 목표를 향해 달려가다가 지치고 포기하고 싶을 때 저의 작은 행동을 변화시킬 수 있는 주문입니다. 그리고 이 주문은 목표에 대한 '실질적인 한 걸음'을 줍니다. 슬램덩크에 이런 명대사가 나옵니다. "포기하면 그 순간이 바로 시합 종료예요." 당신이 할 수 없다고, 될 수 없다고 생각하는 순간 그 목표와 꿈은 이루어질 수 없는 것이 되어버립니다. 하지만 만약 당신이 할 수 있다고 생각한다면 당신은 아직도 그 목표를 이룰 무한한 가능성을 지닌 사람이 됩니다. 그러니 포기하지 마십시오. '할 수 있다'라는 작은 외침으로 당신의 삶은 충분히 바뀔 수 있습니다.

'Just do it'

처음 출간 제의를 받았을 때 기분은 좋지만 망설여졌습니다. 감히 나 같은 사람이 책을 내도 될까? 과연 무슨 말을 할 수 있을까? 등 참 많은 생각이 머릿속을 스쳐 갔습니다. 아직 부자도 아닌데 마치 부자인 것마냥 떠드는 것이 맞는지, 저보다 투자로 훨씬 더 좋은 성과를 낸 사람들 앞에서 이렇게 전문가 행세를 하며 글을 써도 되는지 고민과 고뇌의 시간이 있었습니다. 그런데도 출간을 결정한 것은 누군가 단 한 명에게라도 선한 영향력을 전할 수 있으면 좋겠다는 마음이 있었기 때문입니다. 책 한 권에 다 담지는 못했지만, 제가 가진 투자지식과 마인드, 그리고 인생을 바라보는 올바른 태도에 대해서는 최대한 담으려고 노력했습니다. 이제 공은 이 책을 읽고 있는 당신에게 넘어갔습니다. 지금까지 살아온 대로 계속 살 것이냐, 아니면 투자자의 삶을 살 것이냐는 당신의 선택입니다. 이 책이 당신의 한 걸음이 될 수 있기를 바랍니다. 앞으로 강의나 블로그, 카페 글 등을 통해 제가 아는 지식을 더 나눌 수 있는 그런 사람이 되도록 저 또한 더 노력하겠습니다. 막연한 두려움과 걱정을 내려놓고, 할 수 있다는 용기와 자신감으로 지금 바로 한 발을 내디뎠으면 좋겠습니다. 인생 뭐 있나요? 한 번 해보는 거죠.

감사의 인사를 전하며 마무리하려고 합니다. 먼저 제 글의 가치를 알아보고 출간 제의부터 편집, 제작에 이르는 긴 과정을 함께한 편집자님, 초보 작가에게 긍정의 에너지와 용기, 세상에서 제일 맛있던 치즈케이크로 감동을 주신 황금부엉이 출판사 여러분께 감사의 인사를 올립니다.

항상 아쉬움이 남는 강의임에도 몇백만 원 이상의 가치가 있다는 칭찬과 유명해지면 절대 잊으면 안 된다는 웃음으로 긴장을 풀어주던 우리 시크릿 브라더 수강생 여러분, 덕분에 좋은 기운 받으면서 포기하지 않고 글을 쓸 수 있었습니다.

건강한 몸과 뛰어난 실행력을 물려주신 부모님, 형 말이라면 무조건 믿어주는 사랑하는 동생, 그리고 우리 사위가 최고라며 항상 저를 위해 기도하시는 장인 장모님, 제 아내에게 큰 힘이 되어주는 처형과 처남에게도 늘 감사하다는 인사를 전하고 싶었습니다.

살인 미소로 아빠의 피로를 녹여주는 아기 왕자님,

항상 우리 아빠가 최고라며 없는 힘도 나게 만드는 나의 공주님,

만삭인데도 힘든 내색 없이 묵묵히 곁을 지켜준, 내 삶의 이유인 아내에게 감사를 전합니다. 결혼 전 약속처럼 우리 주변의 모든 것이 바뀌어도 당신이 1순위라는 것에는 변함이 없습니다. 사랑합니다.

마지막으로 이 책을 끝까지 읽어주신 독자 여러분께 감사합니다.

당신의 인생에 행복이 가득하길 진심으로 응원하겠습니다.

시크릿브라더

나는
1,000만 원으로
아파트 산다

2021년 10월 27일 초판 1쇄 발행
2022년 5월 25일 초판 5쇄 발행

지은이 | 시크릿브라더
펴낸이 | 이종춘
펴낸곳 | (주)첨단

주소 | 서울시 마포구 양화로 127 (서교동) 첨단빌딩 3층
전화 | 02-338-9151
팩스 | 02-338-9155
인터넷 홈페이지 | www.goldenowl.co.kr
출판등록 | 2000년 2월 15일 제2000-000035호

본부장 | 홍종훈
편집 | 문다해
교정 | 주경숙
디자인 | 조수빈
전략마케팅 | 구본철, 차정욱, 나진호, 이동후, 강호묵
제작 | 김유석
경영지원 | 윤정희, 이금선, 최미숙

ISBN 978-89-6030-588-5 13320

황금부엉이에서 출간하고 싶은 원고가 있으신가요? 생각해보신 책의 제목(가제),
내용에 대한 소개, 간단한 자기소개, 연락처를 book@goldenowl.co.kr 메일로 보내
주세요. 집필하신 원고가 있다면 원고의 일부 또는 전체를 함께 보내주시면 더욱
좋습니다. 책의 집필이 아닌 기획안을 제안해주셔도 좋습니다. 보내주신 분이 저
자신이라는 마음으로 정성을 다해 검토하겠습니다.

부린이에게 유용한
부동산 사이트 TOP 6

스마트폰으로 바로바로 확인해 보자!

부동산지인
지역의 인구/세대수, 입주물량, 미분양 데이터를 볼 때 유용한 사이트! 시크릿브라더의 부동산 분석법 중 1~2차 필터링의 핵심 데이터들을 확인할 수 있다.

호갱노노
기본적인 매매/전세가격의 흐름부터 인구 이동 분석, 학원가, 개발호재 등 너무나 알찬 기능들을 가지고 있는 사이트! 앱도 사이트랑 똑같아서 활용도가 더욱 높다.

아실(아파트실거래가)
4차 필터링인 '비교평가'를 할 때 필요한 필수 사이트! 여러 아파트 가격을 비교하거나 매매/전세 가격변동을 확인할 수 있다. 스마트폰 앱으로도 활용이 가능하다.

네이버 부동산
가장 많은 중개소가 활용하기 때문에 실제 매물을 확인할 때 유용한 사이트다. 매물 확인 이외에도 다양한 기능이 있다.

카카오맵
'주변' 탭으로 그 지역의 병원, 약국, 대형마트 등의 위치를 확인하고, '길찾기' 기능으로 교통수단을 파악하자! 임장 전에 미리 확인하면 더욱 좋다.

리치고
입주물량, 미분양뿐만 아니라 '주택구매력지수, 소득대비 저평가지수, 물가대비 저평가지수' 등 부동산 가격을 예측할 수 있는 중요한 지표를 확인할 수 있다.

더 자세한 내용은 본문의 46쪽에서 확인하세요!